重新定义营销

移动互联时代，营销大变局

陈特军 / 主编

浙江工商大学出版社
ZHEJIANG GONGSHANG UNIVERSITY PRESS

时代光华
Times Bright CreSuccess

图书在版编目（CIP）数据

重新定义营销／陈特军主编. — 杭州：浙江工商大学出版社，2017.3
ISBN 978-7-5178-2013-0

Ⅰ.①重… Ⅱ.①陈… Ⅲ.①营销管理 Ⅳ.①F713.56

中国版本图书馆 CIP 数据核字（2017）第 000539 号

重新定义营销

陈特军　主编

责任编辑　谭娟娟　汪　浩
封面设计　上尚设计
责任印刷　包建辉
出版发行　浙江工商大学出版社
　　　　　（杭州市教工路 198 号　邮政编码 310012）
　　　　　（E-mail:zjgsupress@163.com）
　　　　　（网址:http://www.zjgsupress.com）
电　　话　0571-88904980,88831806（传真）
排　　版　王振华
印　　刷　北京晨旭印刷厂印刷
开　　本　787mm×1092mm　1/16
印　　张　15.5
字　　数　241 千
版 印 次　2017 年 3 月第 1 版　2017 年 3 月第 1 次印刷
书　　号　ISBN 978-7-5178-2013-0
定　　价　58.00 元

万物皆媒，唯人不变

在我们的五感当中，世界的万事万物都是我们的媒介，都是我们连接这个世界的纽带。感觉会变，媒介当然也会随之而变。那么，不变的是什么？是人性。

移动互联网的出现与普及是过去几年来最大的一个变化，在某种程度上讲，移动互联网重构了我们的生活，学习、工作、购物、阅读等行为习惯都被改变。

在车上学习、在马桶上工作、在床上购物，随时随地阅读，已随着移动互联网的到来成为现实。当时间与空间的局限被打破，一切皆新，无限可能。

对于营销来讲，用户的行为习惯发生了改变，营销传播也会随之而变，从产品、服务，到渠道终端、沟通方式都会随着转变。各种智能设备的出现使产品有了本质的改变，电商、微商的出现让渠道有更多可能，而新媒体也改变了传播。这些就是新技术、新观念带来的变化！那有什么是不变的呢？我想不变的就是人性，既有人性光辉面：对于真、善、美及理想、价值的追求，也有人性阴暗面的虚荣、贪婪、懒惰等。而社会的发展、文明的进步都是因人性而驱动的，营销也同样如此。那么，我们就很清楚地知道企业营销的新转变，就是要围绕变的感知、媒体与不变的人性，去创新，去改变。

前段时间看到一份艾瑞的数据报告，报告显示：2014 年阅读主流已从 PC 及平面媒体转到移动手机上，超过 70% 的阅读发生在手机上，也就是说，受众接受信息的习惯已经改变。

2016 年自媒体已占总体媒体阅读的半壁江山，以后甚至会更高。因为自媒体诞生于移动互联网，自媒体是真正的移动互联网媒体原住民。所以，对于企业传播来说，受众在哪里阅读，我们就要去哪传播、沟通。

营销第一变：从传播到连接

前面聊了这么多的社会环境、媒体环境的变化，那营销如何来应变？首先，我们要认识到营销目标的改变。以前营销目标与路径很简单——从品牌认知到品牌美誉，再到销售体系构建，最后完成用户购买，营销就完成了一个完整的闭环，营销任务就完成了。

而现在，随着移动互联网等新技术的出现，我认为营销的目标已不止于此了，用户购买不但不是终点，它甚至是一个连接用户的新起点！以前，作为品牌主，要触达用户其实很困难，因为品牌主没有直接的途径把信息传递给用户，沟通内容的创意需要第三方机构来协助创作，创意做好后需要通过平面媒体、电视、电台、户外、分众楼宇等第三方媒体平台把你的内容传播给受众。总之，在移动互联网与自媒体、APP出现前，企业是很少有途径可以直接跟媒体和消费者沟通的。

而现在，有了自媒体、APP、电商平台，品牌主可以直接创意内容，也可以直接跟用户进行沟通，并通过这种传播与沟通同用户产生连接，从而获得持续沟通与销售、服务的机会。

所以，我们营销的任务，已不只是传播，而是要连接用户，并通过好的内容、产品、服务，让用户持续与品牌连接，并让这种连接更加紧密。如果能做到这一点，生意一定会源源不断。这是营销的第一个变化。

营销第二变：从媒介到公关转变

第二个变化也是与传播有关，里斯与其女儿在很早前就写了一本书叫《公关第一，广告第二》，这本书在全世界范围内影响了很多公关传播人，但我认为在很长一段时间内，这个观点在中国基本不现实。

为何？举例说明，伊利与立白都是营销大户，每年有巨额的营销费用预算，我知道这两家公司的广告和公关预算大概是多少，公关的投入基本只是广告预算的零头。所以"公关第一，广告第二"在过去是一句空谈，随着自媒体时代的到来，媒介平台的稀缺性已基本不存在，有价值的热点事件与创意内容变得十分稀缺，而公关的本质则是事件营销与内容营销，所以，未来的营销传播，一定是以公关为王。

营销第三变：从平台到内容

在当前的自媒体、新媒体时代，媒介平台的价值在下降。上面讲到，我们以前接收信息基本是基于平面、电视、电台，而现在大家接收信息基本通过手机；而且，从以前的机构媒体垄断传播平台与话语权的时代，进入了人人都是媒体的自媒体时代。新技术让每个人都能成为一个媒体发声平台，传统平台的重要性基本不复存在。据腾讯的季度报告透露，微信公众号的数量早已突破千万，媒体介质可说已完全过剩！

那什么稀缺？当然是内容。但对于品牌主来说，这是艰难的挑战，因为企业对提供产品与服务是擅长和拿手的，但是要企业去做内容，就是重大挑战。

所以，未来品牌主如何通过内外部资源的整合，构建企业的内容生产力，会成为品牌主的重要核心竞争力，公关部门也变得前所未有的重要。

营销第四变：从严肃到娱乐

在2015年春节前，我在蓝莓会里一直是一个比较严肃、专业的营销专家形象，在社群里发了很多专业、严肃的营销观点，传播也不错，但没有到火爆的程度。2015年春节，微信红包央视首发，我发了一个抢红包的搞笑视频，我单腿站立，两只手一只脚各持一个手机、嘴里还咬着一个手机，同时摇动抢央视春晚的微信红包，就这样一个很恶搞很逗的视频，立刻刷爆了微信群。高冷专业敌不过恶搞逗趣，这就是娱乐化的传播威力。

打开电视、电脑或手机，在大、小屏的每个角落，娱乐内容永远占据着我们的注意力。《我是歌手》《奔跑吧，兄弟》、各种神剧、各种绯闻填满我们的世界。所以，这已经是一个娱乐打败严肃的时代！对于企业来说，要放下身段，不装酷，更真实、更娱乐地去表达，这是很重要的转变。

营销第五变：从创意到技术

可以说苹果改变了世界，智能手机的出现与Wi-Fi及4G的普及，是真正从技术上改变了人们的生活方式。我们以前购物要去商场，时间也有限制，而现在车上、床上、马桶上都可以变为购物的场地。以前支付要通过现金或银行卡，而现在一机在手，天下我有。

所以说在近几年里，技术在商业推动与营销驱动方面的作用越来越重要，当然不是说创意就不重要了，而是创意在未来会越来越离不开技术的支撑。不管是微信红包还是"吴亦凡入伍"的爆款H5、可口可乐定制昵称瓶与王老吉的二维码罐身营销，都需要技术的支撑，还有DSP投放，更是离不开技术，而要做精准营销与大数据分析肯定也离不开技术，可以说未来是一个"无技术，不营销"的时代！

营销第六变：从功能到情感

过去用户在购买产品的时候，更多的是强调现实的问题，更多的在功能层面进行考量，但现在我们购买一个商品除了考虑其功能外，还有很大一部分是情感因素。

2014年可谓是情怀元年，紧接着的2015年是情怀泛滥年。因为要迎合用户的情感需求，情怀是情感的表现形式。当然，现在的用户在情感之外，还在追求什么？价值！一致或认同的价值主张，会获得用户的认同。所以做品牌的朋友要考虑到，在产品做到极致的同时，你是否有打动用户的情感诉求，是否有正确的价值主张也是很重要的。你一定不能只给用户冰冷的产品，而是要赋予它有温度的情感和有共鸣的价值，比如谷歌、苹果这些企业的做法。

营销第七变：从分众到分群

第七变是从分众到分群的一个转变。蓝莓会荣誉会长分众传媒董事局主席江南春开创了一个分众时代。分众传媒是一家公司，但分众传播是一个非常重要的营销理论，相对于大众传播，是一种更精准的传播方式。它是特劳特定位理论的天然延伸，因为有定位就有分众，定位决定了受众人群，那么分众就决定了精准到达。

而现在通过移动互联网技术及微信社群，使得这些有相同特质的分众人群，通过新技术与新的社交产品进行连接，形成一个个在线的分群。原来散落在各个角落、各个大楼里的分众人群，可以通过在线平台，高效聚积在一起，形成一个个分群，比如丁香园的医生社群、辣妈帮的时尚妈妈社群、蓝莓会的营销传播、创意媒体人社群，而找到这样的分社群，就是找到了一把通往精准用户聚集地的金钥匙。

社群的本质就是把一群有共同特质的人连接在一起，产生共同的需求，形成一个具有共同特征和情感连接及精准需求的分群。

我也在此大胆预言，2016—2018年这三年，将成为中国营销变革中的分群营销时代，不论是通过社群进行分群的品牌曝光，还是做分群电商、微商，都将成为营销创新中非常重要和主流的方式，也是一种更精准高效的传播方式使品牌主能以更快的速度、更短的时间、更低的成本，精准地影响到目标用户。

从分众到分群是企业营销人需要认真思考的问题。很多企业营销高管与我沟通，希望通过蓝莓会社群进行其公司产品与服务的推广与传播，我也在思考，如果能给蓝莓会成员带来真正的价值，也是可以考虑的一种方向。

营销第八变：从单兵到跨界的转变

可能在过去我自己是英雄，现在叫抱团打天下，所以才有了阿里系、腾讯系、京东系，它是一个一个的生态链，一个一个的抱团组群，以此来取得竞争优势。但单个的企业怎么办？只有跨界！

蓝莓会在2016年1月11日也组织了一个"不加班有礼"的跨界活动：通过易货交换促销礼品，每家出同等金额的产品作为回馈用户与粉丝的奖品，数十家企业跨界合作，形成一个价值几百万元的奖品池，每家都可以共享其他企业提供的奖品。以前单家企业促销送礼基本要么送自己家的产品，要么要现金采购其他奖品，而现在数十家企业联合之后，奖品池里有汤臣倍健的营养品，有美的空气净化器，有周大福、克徕帝的珠宝，有神州专车礼品卡，有王老吉、海尔积分卡，还有珍视明等各式各样的礼品。这对于用户或双微粉丝来说，就是更多的价值。

通过跨界合作，这几十家企业也都变成对方的媒体。"蓝莓跨界联盟"成立之后，大家彼此用自己的自媒体平台为对方传播，相互循环起来。单一一家就几十万或几百万粉丝，但几十家企业汇聚到一起就有数千万甚至上亿的粉丝资源，即使没有第三方媒体推广，都已经具备了强大的影响力。当然，蓝莓会还整合了几十家企业共同投入了上百万的费用、覆盖了双微参与企业之外数千万粉丝来给活动导流。

大家跨界合作之后，不但奖品互换，而且组团传播曝光，同时也相互间互相易粉，让活动达到了远超投入的效果。这次蓝莓会的跨界尝试，效果非常好。微博上搜"不加班有礼"话题，阅读5500万，讨论139万，参与微博讨论的139万这个数字是非常惊人的，要是单家企业没有千万元级的投入是很难达成的。而实际上，这次蓝莓会每家参与企业投入的成本是十万元级的。

蓝莓会跨界活动"不加班有礼"是中国营销创新史上的一次大胆尝试，这个案例，也给蓝莓会成员带来一个启示：未来是一个抱团取暖的时代，未来也是一个跨界合作、共享营销的时代。

以上八变，是我基于移动互联网时代，新技术、新营销场景下的营销思考，与各位营销界的读者朋友分享。

最后，我要给大家介绍一下我们蓝莓会新的Slogan——"友蓝莓·荟营销"。

"友蓝莓"，当然希望蓝莓会是一个有温度、有朋友、有情感连接的社群，记得第一次"北京蓝莓之夜"我就提出来，在蓝莓会"友情比商业更重要"，我们要激情相见，真诚连接。而"荟营销"，当然表明蓝莓会是一个营销人的社群，在这里荟萃了各种企业、媒体、创意机构的营销精英、营销资源和营销资讯。而大家有了蓝莓会，就能更懂营销、更会营销！

相较于商业，蓝莓会永远更看重我们莓果在一起的友情，我也真心希望大家在一起能够坦诚相待、相互包容、理解支持、一起相伴前行，共同面对未知的营销世界！

最后，关于《重新定义营销》这本书，是第一本真正意义上的众创之书，由蓝莓会汇集众多一线企业营销高管、创意大咖、名校教授共同完成。一枝独秀不是春，百花齐放春满园，拥有这本众创之书能给从事营销的你，带来一个多维而精彩的世界，让营销变得无限可能。

陈特军

蓝莓会创始人

百果园首席营销顾问

汤臣倍健品牌公关顾问

目 录

Part 3
重新定义营销

Part 4

实战：营销还可以这样玩儿

Part 1

移动互联时代，营销的变与不变

创业公司如何做到指数级增长

作者简介： 江南春，分众传媒创始人兼董事长。2003 年创立分众传媒，颠覆了传统媒体观，2005 年分众传媒在美国纳斯达克上市。2015 年，分众传媒成功回归 A 股，营收突破百亿元，市值突破千亿元，成为中国传媒市值第一股。

我是中文系毕业的，很早就看《孙子兵法》，对其中五个字"道、天、地、将、法"印象深刻。后来我从中文系走进商场，就换了个角度来看这五个字：

天就是天时，即时间窗口。每一个企业崛起都会有一个很明显的时间窗口。

地就是渠道。能够把产品和服务通过一个有效的、广泛的渠道销售出去。

将是团队。团队往往是一个非常重要的因素。

法是运营。运营管理的效率与能力。

"天、地、将、法"都有了，那么何为"道"？为何"道"排在第一位？

这些年来，我得出的关于"道"最大的结论是："道"是人心，得人心者得天下。我认为如何得到用户的心，是一个企业最核心的问题，如何在消费者心中占据独一无二的位置，是企业成功最根本的"道"。

企业的核心工作是内部运营，是渠道，是团队，还是时间窗口？其实这些都很重要，但企业最核心的工作是赢得用户的心。

你想在用户的心目中占据什么样的位置？让用户把你定位成什么样子？就要给用户一个选择你而不选择别人的理由，所有企业的资源都应该围绕这个"道"字展开。

企业当中有很多创新的工作，其关键在于是否能够创造一个属性词，从而有效占据用户心智。一个企业可能有十五个方向去改善运营、效率和用户体验等，但我认为很多的工作——甚至百分之七八十的工作都可以省去，因为很多的工作没有建立在以人心为引领的基础上。你想在用户心目中确立哪一个优势认知，那么你所有的工作就应该围绕这个优势认知去做，这样可以使得很多资源变得聚焦，企业就可以很专注。像女排教练郎平一样，一生只做一件事，只要女排赢了，大家就认为这是"女排精神"，那么"女排精神"跟女排胜利就形成了一次连接。

很多企业运作的资源分布是分散型的，这虽然对运作资源的改善都有价值，但是这些价值需要被用户感知，或者你所做的变革和改善需要加强用户的认知。用户是记不住很多点的，所以你在用户心目中往往只是一个点的成功，消费者只能记住一个简单的形容你的词。

如果你所有的工作不能建立在强化这个词的认知上，那么其他所有努力虽然都有意义，但是都不聚焦，不能让你把所有的力量凝聚在一把剑上，做到一剑封喉，刺进消费者的心智当中，所以企业在资源有限的情况下，很多东西是需要分清先后的。

我自己这些年看到很多成长型企业，它们往往不是以正常的速度增长，比如说以20%、30%的速度增长，而是以指数级的增长。这使其在几年之内形成了独角兽或巨无霸公司的能力，而指数级的增长往往是因为它们把所有工作资源聚焦到一点，然后单点突破达到的效果。

很多创业公司来分众投放广告，在这一过程中我接触、观察了很多创业企业。我总结了一下，这些年我所看到的很多成长型企业，它们的指数级增长大概因为以下几个要素：

它们开创了新的品类或特性；

它们抓住了一个时间窗口；

它们在时间窗口中采取了饱和攻击；

它们都最终在消费者心智中占据了一个品类或者形成某种特性，在消费者心中形成一个特定的形容词。

开创一个新的品类或特性

比如，"果冻我就吃喜之郎"，"烤鸭就吃全聚德"。实质上中国乃至世界能不能造出比喜之郎更好吃更便宜的果冻？能。但是为什么在消费者的心智中果冻就等于喜之郎？因为喜之郎在开创果冻这个品类的时候，抓住时间窗口，采取了饱和攻击，使得消费者心智中果冻就等于喜之郎，所以卖场当中，固然会有更好吃更便宜的果冻，但是喜之郎占据了百分之七八十的果冻市场。

再比如说香飘飘，它当年的成功是开创了一个冬季的热饮品牌，开创了原来没有的杯装奶茶。香飘飘开创了这个市场之后，冬天天很冷，大家轧马路谈恋爱的时候，就会经常到小店去买两杯香飘飘奶茶，边走边喝，取暖抵御风寒。所以这个市场迅速崛起。

但是这个市场现在又在改变，这几年大家都去 shopping mall（大型购物中心）或电影院这种有空调的环境中谈恋爱，很少有人在冰天雪地里轧马路了，所以，奶茶原来的购买场景已经不复存在。而且这几年消费者健康意识越来越强，大家觉得奶茶用粉冲泡不新鲜、不健康。于是，我们在过去的几年当中，看到香飘飘奶茶进入了销量增长的瓶颈期，销量甚至出现下滑。但是大家可以看到香飘飘奶茶在场景不复存在之后，又开创了一个新的产品特性，重新塑造了一句广告语——"小饿小困喝点香飘飘"。

这句广告一出来，我就说香飘飘公司的销售量一定会增长起来。虽然现在消费品市场只有 3.5% 的成长，但商家推出这个广告语后，香飘飘销量以 30% ~ 50% 的速度增长，在整个行业同质化产品销量都在大幅下降的时候，香飘飘反而一枝独秀，就是因为它在消费者心智中重新开创了一个特性：一种能够轻度缓解疲倦劳累的饮料。

这就和当年"怕上火喝王老吉"主打的是产品预防上火的饮料特性一样。这个定位推出之后就开创了四个场景：吃火锅就喝王老吉，野外烧烤就喝王老吉，加班加点怕上火喝王老吉，熬夜看球也喝王老吉。

王老吉在之前四年当中每年都是一亿元的销售额，最后确定定位并向大众市场说出了"怕上火喝王老吉"这句话之后，销售额刹那间从一亿元涨到了十二亿元。产品变了吗？没有变。

但是它在产品当中稳稳地切入了消费者心智中的那个特点：怕上火——一种预防上火的饮料。而香飘飘一旦变成了一个"小饿小困喝点香飘飘"，一种能帮你轻度缓解疲倦乏累的饮料，你会发觉小饿小困其实是一种常态，它突然从一个冬季热饮变成了任何时间都能饮用的常态饮品，比如你看欧洲杯、

《太阳的后裔》，早上爬起来没吃早饭去上班，又或者是下午三点钟的时候觉得小饿小困，都会想到它。小饿小困是一种常态，当你的消费者心智中一旦植入了"小饿小困喝点香飘飘"这样的场景，将常态化的场景和喝香飘飘建立一种连接之后，你会发觉消费者一旦处于那种场景中，就会想起香飘飘，因为它含有奶精，能有临时提神和饱腹的感觉，所以小饿小困这个场景就被香飘飘开发出来了。香飘飘的产品变了吗？没有变，但是产品在消费者心智中的位置被找到了。

所以，要在消费者心智当中成为一个新的品类或形成新的特性，而且要用一句很简洁的话说出产品的差异性，像钉子一样钉入消费者头脑中那个空隙位置。

比如说，小微金融领域竞争对手非常多，截至2014年年底，大概有11000多家互联网和传统的小额贷款公司，竞争环境非常激烈。

在中国经济下行的情况下，借款者还款能力也在不断下降，坏账率逐步上升，整个行业混乱，而在这个过程中，大家经常在电梯海报上看到一个广告叫飞贷，它推出一个概念叫"手机APP贷款找飞贷"，开创了一个全新的品类。

"飞贷"不去自夸风控系统如何好，而是针对办理贷款需要去银行填资料排队，等待时间长的用户痛点，强调它能够实现二十四小时在线、三分钟完成申请、秒批最高三十万额度。在消费者心智认知中，用手机APP贷款就可以找飞贷。而且它说出了一个"信任状"：飞贷是中国唯一入选沃顿商学院的金融案例，其中有"手机APP贷款找飞贷"这么一句话。同时还用"随借随还、二十四小时在线、秒批三十万额度"这些利益点来支撑消费者的认知。

向消费者推送一个品牌的几种好处是没有前途的，一定要找一个最简洁的字眼，直接嵌入消费者心智，刹那间唤醒消费者的心智。所有企业的经营实质上是在运作一个准确的定位，要在消费者心目中建立一个属性词，用这个词来引领所有资源的分配。一旦找到那个词，打进消费者心中，你就爆发了巨大的能量。

抓住时间窗口

我之前在演讲当中问过很多创业者什么是创业壁垒？很多人说技术是壁垒或模式是壁垒，还有人说他开创了一种新的商业模式，或者说他的团队能力是壁垒，或者说企业文化是一种壁垒。但我觉得这些先发优势、技术、游戏的商业模式都不是绝对的优势，没有什么东西是不可以被模仿的。

在中国，知识产权的保护不是特别强，技术、商业模式等很容易被抄袭。我认为所有技术的领先、商业模式的开创，实际上都留下了一个时间窗口，可能三个月、六个月，在中国最多可能是一年。这个时间窗口非常重要，一旦错过了，整个传播效率就会非常低下。如何在消费者时间窗口期迅速打进消费者心智中并占据位置，是非常重要的。一旦占据了位置，后来人进入也会付出巨大的代价。

我列举一个在分众看到的例子。在分众电梯媒体上，从 2015 年 9 月到 2016 年 3 月，有一个客户"瓜子二手车"的广告，它向大家传递了一个很重要的信息并嵌入到消费者心智中——"个人车主把车卖给个人买家，没有中间商赚差价"，这就是一种买卖二手车的方法。

它将诉求传达给跃跃欲试的消费者，唤醒了消费者内心没有中间商赚差价的认知。实际上它不是第一个去做 C2C 二手车的人，更早的还有人人车。但是它是第一个在消费者心智中植入"没有中间商赚差价"的二手车交易品牌印象的，所以很多人会认为瓜子二手车开创了这个品类，开创了细分品类 C2C 买车的模式。还好人人车后来迅速跟进，虽然人人车在进入的时候有先发制人的优势，但如果人人车在 2015 年 9 月没有迅速跟进，占据消费者心智的难度就会非常大。

为什么中国这么多品牌会陷入价格战？因为一旦同质化就容易陷入价格战、补贴战。而同质化在中国又是不可避免的，因为技术和商业模式都会被模仿。蓝海变红海往往是不可避免的，所以我觉得同质化过程中最大的区别是你能不能率先进入消费者心智中占据第一位，这个市场往往只能记住第一。消费者心智非常简单，谁能第一个进入消费者心智中，谁就能占据先机，后来者付出的代价是巨大的，而且往往付出了巨大的代价还不被人所知。

为什么要采取饱和攻击

消费者的心智很容易被先入为主的事物影响，这就需要在窗口期采取饱和攻击，迅速将特性品类定位植入消费者印象中，使其特性进入认知。

再举一个分众上的案例：2015年五六月份美团网估值70亿美元，美团当时重金投入外卖业务，刚开始也是补贴大战，百度外卖依托其资本和流量优势也在强势崛起。如今美团、百度两个名字已经为白领群所熟知，而饿了么原来从校园开始做，在校园较具知名度，在白领层知名度比较低。

美团的地面团队也是经过千团大战的，地推的布置和团队经验十分明显。饿了么是大学生创立的，地推团队不如美团有经验，公司也就7亿美元补贴，资金严重匮乏。在校园一场混战之后，美团和百度把目光瞄准了一个最核心的市场——办公楼白领市场。

大家知道美团客户很多，百度也是巨大客户群的拥有者，两家纷纷依托互联网进行广告投放，靠自己的流量，以及在互联网中投放广告的优势来切入白领外卖市场，这对饿了么真的是一个巨大的挑战。而饿了么在那个时候清醒地另辟蹊径，找到了电梯媒体，向分众电梯媒体发力，投放了大概9000多万元的广告，在八周中进行饱和攻击。从2015年6月开始到7月底，每日700～1000万元的白领外卖量变成了3500万元的交易量。当月的一份调查数据显示，饿了么超越了百度、美团成为行业第一，抢到了时间窗口。2016年年初的时候，饿了么交易量已经突破1001亿元，估值也从7亿美元上升到45亿美元。如果当时没有在时间窗口采取饱和攻击的方法，错失先发制人的机会，也就不能将这个品牌最快速地打进白领心中，资金也可能只能支持两三个月。

在危急关头，饿了么采取了饱和攻击，抢占了时间窗口，这是非常重要的，这一睿智的方法使其最后摆脱了被动局面。这就像打仗，先发制人很重要。战争往往是一触即发的，核心是把握住时间窗口，占据最有利的位置。在饱和攻击的时间窗口，创始人要问的不是是否该一步步尝试，而是要问花多少钱才能确保占据有利的位置。

在消费者心智中占据一个品类或特性

饱和攻击最终要达到的结果就是品牌等于某种品类或者某种特性。比如：滴滴等于打车，神州等于租车，饿了么等于外卖，瓜子二手车等于C2C买车。它们在消费者心中占据了一个有利位置。消费者已经把这个品类或者特性与品牌划上等号。我认为这是企业要从根本上努力达成的一个结果，中国最重要的、获利能力最强的、市场占有率最高的公司往往都是这样形成的。

比如，百度中文搜索占据了搜索引擎最有利的位置；阿里巴巴占据了电商最有利的位置；腾讯占据了即时通讯最有利的位置。所以占据一个特性或品类特别重要。

我再举个例子，2009年到2010年的时候，中国开始有了租车行业，这也不是神州租车先开创的，它大概只有600辆车，行业排名第三，在它前面有两家非常优秀的公司。神州租车当时融资效果并不好，联想融了1亿元人民币就占据了51%的控股权。当时车是用金融租赁的方式购买的，神州租车就把1亿元人民币中的8000万元拿去做广告预算。这其中，6000万元在中央电视台投放，1000万元投分众，1000万元投地铁。我当时就跟对方讨论了方案，6000万去做中央电视台广告投放是打不动市场的。神州也发现，电视真正覆盖的是45岁以上的人群，而租车行业主流消费者是20岁到40岁的人群，而且有驾照有一定的收入的人才是租车群体。我提出的一个思路就是针对公寓楼、写字楼、机场投放，我认为本地租车就去公寓、写字楼打广告，异地租车就去机场打广告。在公寓、写字楼和机场三个场所重点投放广告之后，大家可以看到神州租车在主流人群带动下，迅速被点燃，在一年当中就反超了其他两位对手。2014年神州租车上市的时候，车辆数是第二位到第十位的租车公司的总和。六七年中神州租车一直在电梯投放广告，把公寓、写字楼和机场作为最核心的投放点，业绩遥遥领先。大概2015年的时候，神州租车获得44亿元人民币的营收和14亿元净利润，称得上中国汽车租赁中绝对的第一股。

消费者不会研究到底是谁先发谁后发、谁跟进的谁，消费者只关心谁先进入他的心智。消费者一旦认定"你等于一个品类"，那么你就占据了消费者心智，开创了一个他认知的品类。

当神州在消费者心智中等于租车的时候，就占据了消费者对于整个市场的认知，此时其他人要颠覆这种认知是非常困难的，就算多花好几倍的代价也未必如愿。所以我认为技术、商业模式不是壁垒，真正的壁垒是你在技术和商业模式创造的时间窗口中采取的饱和攻击，令你在消费者心智中占据一个品类或特性。我认为品牌的认知才是护城河，这才是一个能够抵御未来陷入同质化价格战的重要利器。

最近我们开始重新思考，移动互联网时代跟十几年之前的媒体环境相比，已经发生了翻天覆地的变化。以前我们的时代是以 CCTV 为核心，所以分众走了另外一条道路，而今天是以移动互联网为核心的一个时代，我一直回顾思考分众的价值，在什么地方做对了，在什么地方需要变革？最近我们推出了一个新的广告语："引爆主流投分众"。为什么这么说？我们分析了过去十三年的成功，其实只是赌对了一件事：过去十几年是中国城市化发展最核心的时间窗口，而城市化一个非常核心的基础设施就是电梯。电梯场景意味着四个关键词：主流人群、必经之路、高频接触、封闭低干扰环境。我认为电梯所拥有的这四个特性实际上是今天品牌引爆的一个最具稀缺性、最核心的点。

大家也可以看到，2004 年之前星巴克在中国其实是不温不火的，它当时在中国各地开店。2004 年以后星巴克改变了策略，开始主攻北上广深，其他地方不开店。多年之后，星巴克又在北上广深以外开始开店，第一家厦门店在开业当天人潮集聚、长队如龙。现在大家看到，星巴克无论开到二线城市还是三线城市，到哪儿都能存活，这就是一线城市主流人群对星巴克的认知激发出来的力量。

这种媒体习惯影响主流人群的认知，是打造大品牌的关键，所以我觉得很重要的问题是：一旦主流人群接触电视频次越来越少，那么整个人群对品牌引爆的影响力就会大幅下降。中国已经进入了消费升级的时代，在资本调查数据中，在 2016 年上半年中国消费品增长中，低端品质单品支出不断减缓，比如啤酒下降 3.6%，方便面下降 12.5%；而高端品质单品却开始保持快速增长，比如宠物食品上升 11.7%，酸奶增加 20.6%，等等。在未来 10 年，掌握消费升级掌握主流人群是一个最核心的基础。

数字营销的几大趋势

群访嘉宾： 吴畏，艾瑞基金合伙人。多年从事中国新经济市场的调查、研究和咨询工作，曾为多家品牌厂商、广告公司和新媒体提供战略咨询与市场研究服务，对网络营销及电子商务有深入理解。

主持人： 陈特军，蓝莓会创始人。

互联网广告占据半壁江山

陈特军： 我们知道，艾瑞是中国领先的互联网数据提供商，吴总也是互联网营销领域的资深专家，今天我们就围绕互联网数字营销发展趋势进行沟通。

访谈前，我想先跟大家分享艾瑞在 2015 年年初发布的两组数据：2014 年中国移动互联网市场规模达到 2134.8 亿元，同比增长 115.5%；2014 年中国移动购物市场交易规模达 9297.1 亿元。

2014 年中国互联网、移动互联网及传统营销的传播花费分别是多少，占比和趋势怎样？

吴畏： 这个问题应该是想了解企业在移动互联网、传统互联网和传统媒体之间预算分配的规律。因为艾瑞本身并没有针对一个企业平均在不同媒体类型上的花费占比做调查，我们主要研究企业在互联网上广告投放的占比。根据了解，从大的媒体类型来看，在 2014 年，整个互联网广告收入大概是 1300 亿元，电视应该也是 1300 亿元上下，随后应该是报纸、广播、杂志和户外。

从趋势来看，过去我们可能会有一种误解，互联网来了，电视广告收入是不是会下降？其实从过去 5 年来看，电视广告并没有下降，它也在增长。当然这种增长一方面得益于现在有非常多、特别好的综艺节目，比如《爸爸去哪儿》《我是歌手》等，这样的节目对中国电视广告市场是一种极大的促进。另外一方面，虽然互联网有可以互动、可以更精准投放的特点，但是电视媒体依然是目前提高影响力的最有效的媒体形式之一，所以电视广告的量并没有缩减。

从互联网广告来讲，基本上2014年相比2013年，包括之前，都是30%~40%的增长，具体数据大家可以去查艾瑞的报告。从数据来看，互联网广告的增长是比较快的。如果我们按照媒体细分，从互联网媒体类型来看，2014年整个互联网广告市场，接近一半是百度、淘宝、去哪儿这样的平台构成的，其中百度大概占25%，淘宝、去哪儿虽然是电商网站，其实也是一个媒体广告平台，大概也占百分之二十多，剩下的50%是那些视频网站、门户网站、垂直网站，包括一些精准投放的DSP、广告联盟、EDM等。移动广告在其中的占比其实不高。

PC入口集中化，移动入口垂直化

陈特军：我注意到艾瑞年会上发布了数字营销的几大趋势，其中之一是"PC入口集中化，移动入口垂直化"，为什么这么说？有哪些数据反映了这种趋势？

吴畏：首先解释一下PC入口集中化是什么意思。用户上网，最主要上的那些网站或者说通常打开的第一个网站，其实就是主要的网站。这样的入口非常的集中，包括PC端的一些软件，一开始上网就会去启动，比如说360安全卫士、腾讯QQ，还包括一些导航网站。

相比来讲，移动入口就非常垂直化，因为大家都知道移动APP是一个非常长尾的市场，不同的用户群体可能行为习惯不太一样。比如就日常来讲，大部分人早上起来打开的第一个应用是微信，也有一些人一开始会上浏览器，也有一些用户去看一些视频网站，还有些人会去玩一些游戏。我们发现入口级的应用非常的多。另外也会发现，移动入口基于不同的人群行为习惯也会有一些差异。

从广告市场来看，PC端互联网广告的两大巨头：百度、淘宝，还有现在迅速崛起的网点通，它们瓜分了非常多的互联网广告市场份额。移动广告市场并没有像PC端这样被几个巨头瓜分，而是分散在很多不同的应用中，一些移动的DSP、移动的广告联盟、website联盟会有一些优势，因为它们能够整合非常多的APP，这是因为它的入口比较垂直化、比较细分。

基于以上分析，我们认为PC端的入口会比较集中。

电子商务继续冲击线下渠道

何君毅（上海恒源祥家用纺织品有限公司副总经理）：互联网给传统零售渠道的惯性思维方式和做法都带来了很大的变革，从数据上是否能够看出传统零售渠道、电子商务及其他渠道的变化和未来发展趋势？

吴畏：对于这样的数据艾瑞自身并没有非常多的研究，因为我们的研究方向仍然在互联网上。但据粗略估计，在 PC 端的购物上，淘宝大概占整个交易量的一半。在 2014 年，网络购物应该是 2.3 万亿元左右的交易量，这个交易量有 1/2 是淘宝产生的， 1/4 是天猫产生的，1/8 是京东产生的，其余 1/8 来自其他的电商网站。

关于未来趋势，从目前来看，不同的电子商务渠道的占比还是比较稳定的，而且各自也呈现出不同的差异化竞争优势。至于说传统渠道是否在萎缩，互联网渠道的占比是否会增加——大家可能留意到身边的 IT 卖场生意不太好，它就是受到了以京东为首的电子渠道的冲击，导致了交易的萎缩——这其实是非常明显的。

2015年移动支付增速为何放缓？

李燕（万达快钱高级公关经理）：吴总好，根据艾瑞统计数据，2014 年，第三方移动支付市场交易规模达到 59924.7 亿元，较 2013 年增长 391.3%，而 2013 年增长率达到了 707.0%，2015 年增长率放缓到 69.7%，请问什么因素造成 2015 年增速放缓？

吴畏：从 2013 年和 2014 年的数据，可以看到增速是非常快的，正常情况下，我们一旦发现一个增速非常快的市场，理论上它未来的增速一定不会像一开始那么快。主要原因是一开始市场比较小，比如说以前大家可能没有开通微信支付，但是它推出一个红包功能，大家可能都去开通微信支付，微信移动支付的用户就快速上升。再比如说以前大家只是在 PC 网页端的支付宝进行支付，后来支付宝推出了支付宝钱包，在手机端你可以看看每天你的余额宝里涨了多少钱，支付宝移动支付的用户量又进一步提高了。

过去市场体量很小，所以增速非常快，但随着市场体量进一步增加，未来的增速肯定是下滑的，但增速下滑并不意味着这一市场不是高速增长，大家不要在意所谓的增速下滑的问题。除非是从增速变成下滑趋势，这可能是市场出现了巨大的波动。只要有增长，只要有一定的增速，就表示市场依然是非常健康、快速发展的。

补充一下，对于市场规模增速的预测我们可以这么看：观察一个数字——移动支付的渗透率——移动支付的用户除以移动网民的数量。因为总体的基数——移动网民的数量并不会出现百分之几百的增长，每年可能是百分之十几、二十几的增长，真正产生变化的是移动支付用户的增长，而这个数字，如果跟移动网民总体数据比较接近，比如说渗透率已经达到百分之五六十，接下来这个渗透率顶多也就增长百分之七八十。但如果以前的渗透率是百分之十几或者是百分之几，然后增长到渗透率百分之几十，就会出现百分之几百的增长。

哪些因素促成效果广告成为主导？

陈特军： 通过艾瑞的数据报告来看，效果广告已成为主导，哪些因素促成了这一结果？

吴畏： 从整个市场的份额来看，有一半的广告是效果广告。比如，百度的广告就是效果广告，因为它按照点击率竞价，所以导致医疗和美容类的价格越来越高，甚至一个点击就达到了900元。另外，淘宝的直通车广告、腾讯的广点通也是效果广告。整个网络广告市场一半的份额都是效果广告，所以说效果广告一定是主导。

在剩余的另一半中，有30%～40%属于门户网站、垂直网站和视频网站。视频网站的广告投放目前主要是SPM，按照曝光量投放。现在的客户投放也追求效果了，按照受众——即按照我们所定义的用户属性进行投放，比如男性18～25岁，这些也是效果型的，当然它也是一个精准的广告。以前的电视广告你不可能追求效果，户外广告你也很难测算效果，广播、杂志都是这样，但是互联网广告本身的效果是可测量的，这就推动了广告主去追求效果。

如果互联网广告不能被监测、不能统计效果，效果广告自然就不会成为主导。但正是因为互联网上的数据可以被监测，可以进行定量分析，所以它就逐步推动企业追求效果。企业投放广告除了做一些品牌推广，提升受众对品牌的认知，很多时候也想要直接的转化。比如说电子商务的客户、网络游戏的客户，这一类的客户肯定是追求效果的，因为他们本身的一些产品和服务就是在互联网上体现的，所以当这一类广告主群体增大以后，也会导致效果广告成为主流。

总结一下：第一，因为网络广告有一半以上都是小广告主，广告主花了广告费就是为了效果；第二，因为互联网广告可统计、可测量、可计算的特性，推动了效果广告成为主导；第三，作为广告主，很多企业是追求效果的，特别是中小企业，而过去他们投传统广告无法统计效果，到了互联网上他们就一定会追求效果，所以这也推动了效果广告成为主导。

O2O生活服务存在巨大金矿

黄涛（阿信理财媒体关系总监）：我国本地生活服务O2O市场发展很快，餐饮、休闲娱乐等O2O已初具规模，但本地生活服务O2O在整体本地生活服务市场中渗透率相对来说还较低。请问您对本地生活服务O2O发展预期是怎样的？

吴畏：本地生活服务O2O在整体本地生活服务市场中的渗透率还比较低。首先我们要把它切分为不同的细分领域，比如休闲娱乐，其中有大量属于票务，电影票、演出票之类的。票务的渗透率接近10%，因为无论电影票，还是演出票，都是可以在线上完成的。如果你要去看某部电影，在互联网上就能够全部了解，但一定要到线下才能去体验，这种情况下，在这种领域渗透率是比较低的。还有哪些是O2O呢？比如说家具的O2O、母婴类商户的O2O、旅行服务的O2O。目前来讲，旅行服务的O2O，就是所谓的旅行网站，这一块的渗透率相对比较高，我们自己的研究数据表明应该是20%左右。

从整个本地生活服务O2O的市场份额来看，目前餐饮占比是最大的，大概在一半以上，其次是休闲娱乐，其他的领域相对来说占比就没有那么高。打车市场目前我们并没有算作本地生活O2O，但某种意义上它也能算是O2O，打车服务是说把一个乘客从 A 点送到 B 点，你通过移动互联网进行预约，然后去体验这个服务。这一部分的渗透率还是非常高的，只不过我们目前没有将其涵盖在本地生活 O2O 的市场中。

从发展趋势来讲，我们说渗透率相对比较低，其实这就意味着机会。因为所谓的电子商务、网络购物的渗透率，即线上零售的总额除以社会消费品零售总额大概在百分之十几，但我们看到休闲娱乐的细分服务，包括保姆、家政，这些远远低于网络购物的渗透率，餐饮总体消费应该有两万亿元左右，但在互联网上 O2O 的市场，目前可能只有几百亿元。所以还有非常巨大的商机。

网络购物提供服务相对比较容易，因为它的线下服务只要把货送到客户手里就可以了。但本地生活服务是需要实地去现场体验的，从线上的预约，甚至预先交一些费用，到线下实地体验它的服务，是一个完整的闭环，对于体验度的要求非常高。以前大家都去做网络购物，没有人去碰这块相对比较难啃的骨头。但现在我们看到像汽车市场的 O2O、家政的 O2O，以及送蛋糕、送花等这样的一些细分领域，基于移动互联网技术推动本地生活服务的发展非常快。

从用户角度来讲，这样的服务能够给他们提供很多便利，也提高了效率。所以，未来本地生活服务 O2O 有巨大的机会，而且这个市场足够大，每一个细分领域，都可能有巨大的机会。它不像网络购物那样市场已经比较成熟，所占的市场份额也基本稳定。本地生活服务还有非常多的想象空间，使得很多人在这些细分市场创业，也会带来资本的追逐。因此可以说本地生活服务 O2O 是一个巨大的风口，未来会有很好的发展。

再补充一下，在市场足够细分的情况下，你总能找到你的核心竞争力。以餐饮为例，大家可能认为做餐饮的 O2O 好像没什么机会，基本上被各种点评网站瓜分了，但其实还有巨大的机会。点评网站主要的服务是消费者在线上查询餐馆，然后在线下使用。其实，我们在美食需求方面是有非常多的应用场景的，举个例子，我们看到外卖市场增长得很快，但是如果给外卖市场再细分，送早餐或者说送夜宵，这可能就有新的机会，因为它需要的服务能力、服务人员需求是不一样的。再比如说，现在还有直接把厨师送上门的，也有包括像"我厨"这样的O2O服务商，它直接把食材搭配好。所以我们认为本地生活服务确实是个巨大的金矿，但仍旧有许多坑，也祝愿在这个领域创业的朋友都能够挖到金子。

未来，机会来自于智能终端

李燕（万达快钱高级公关经理）： 吴总好，虽然移动支付保持着高速增长，但移动互联网入口数量却呈现了缓慢增长态势。据中国互联网络信息中心（CNNIC）的数据显示，2014年中国移动互联网用户规模达到5.57亿，同比增速却下滑至个位数，未来移动互联网发展趋势是怎样的？

吴畏： 预测整个移动互联网的发展趋势是非常困难的，因为它所能涵盖的领域和范畴实在是太大了，但是我们可以肯定地讲，任何一个细分的服务、一个细分的领域、一个细分的功能，它只要结合了移动互联网、结合了智能手机、结合了可穿戴设备，都会高速发展。

因为移动互联网有几个特性：第一，它是碎片化的时间。用户在一天中的使用频率都比较高，不像PC使用率比较多的是上下班时间，电视可能是八点档，中午可能网络视频的用户也会增加。移动互联网在上下班高峰、中午、晚上8点以后，一直延续到夜里一两点，都会有比较多的用户，这样的使用情境实际会催生非常多的新应用。

第二个特点实际上来自于智能手机本身的一些特性，比如它有摄像头、传感器、DPS，而且它又是天然的通讯录。所以在智能手机里，我们能够非常好地用到它的一些特性，会使很多服务变得非常高频、非常实用。比如打车，大家没法想象在PC时代用打车软件，只有当大家拿着手机，在户外的时候，结合LBS，才会用打车软件。

第三，移动网民的数量肯定不会有特别大的增长，因为现在用功能手机的人已经比较少了，包括小朋友、中老年人也都用上了智能手机。未来，他们对于移动互联网服务的应用会变得更多元、更频繁。另外，还有一些商机可能来自其他的智能硬件，比如说智能电视、移动可穿戴设备，这些硬件也要联网，这些新的智能终端所带来的机会，会快速增加。

社会化媒体的N次方传播

陈特军：现在大家感觉社会化媒体对传播越来越重要，艾瑞的数据也显示社会化媒体已成为主力军，具体有哪些数据支撑？趋势如何？呈现怎样的特点？

吴畏：对我们来讲，社会化媒体在监测上有较大的难度，监测的方式主要是通过爬虫技术，它是一种半开放的形式。但是在一些封闭的社会化媒体，像微信、人人网，你需要注册、关注一些好友，获得数据会非常困难。但也不是完全没有方法，也可以通过一些大数据的方式来实现。

可是，为什么说我们认为社会化媒体对传播越来越重要？其实有几个原因。第一个原因，大众媒体的可信度越来越小，而你身边人的推荐，意见领袖的一些言论、观点，对于你本人在资讯的消费或者说一些相应的购买决策上，会起到越来越大的作用。也就是说你认为大众媒体越来越不可信，反而你会更相信朋友圈的好友发布的信息，你身边的人告诉你的信息，你在微博上看到的一个公知、意见领袖发布的消息。

第二个原因是，实际上社会化媒体本身是一个N次方的传播，当一条转发产生，后面的关注者也会转发，整个传播的量是以N次方的方式扩散的。这种情况下，对于从事公关的人是一个非常大的挑战。一个好的消息如果被传播出去，如果创意做得好——比如说杜蕾斯过去做的一些创意，比较符合网民的口味——就能够在短时间内引爆。但我们也会发现，如果是一些坏消息，传播得可能更快，而且，这种传播可能都是一些真实用户的传播。作为公关人员，可能没有办法像应对传统传播方式那样做，比如说去控制媒体舆论，去删帖，要控制这种传播非常困难，因此对于公关人员是一个非常大的挑战。

第三个原因是，身边的一些消费者、粉丝，用社会化媒体去了解资讯的越来越多，这就要求企业需要在社会化媒体上进行更多的投入，因为你会发现你的用户在这上面进行交流，去谈论你的品牌，去谈论使用产品的一些体验，所以它本来就是大家交流沟通的空间，对于企业来讲，肯定是非常需要去关注的。

B2B向B2C转型，新媒体必不可少

李燕（万达快钱高级公关经理）： 吴总好，企业在由 B2B 向 B2C 转型过程中，新媒体的战略应该做怎样的调整？

吴畏： 李燕的问题很有趣。我做一个可能不太合适的假设，比如以前快钱更多的是服务一些有支付解决方案需求的客户，他们都是一些 to B 的业务。如果转型，也就是要去服务有支付需求的用户，这样对我们来讲，主战场就转移了，以前的主战场我们需要去影响企业，比如说负责这件事情的核心决策人员及对决策产生影响的相关的人，这些人我们可以通过组织一些专业论坛、一些小范围的活动来进行影响。比如说召开大量的会议，这是我看到的很多公司，像思科、微软所做的事情。

如果 to C 的话，在新媒体这块的运用就非常重要了：第一，这些 C 的用户本身大多是网民；第二，还有一些人对于其他的媒体无论是认可还是使用，都非常少，比如我本人就不看电视，你就影响不了我，你只能通过新媒体来影响我；第三，他们大多在社交媒体上进行讨论，跟品牌进行互动，企业必须要考虑到这一点。

微商与电商不能相提并论

何君毅（上海恒源祥家用纺织品有限公司副总经理）： 从数据监测上能看得出微商在现阶段的发展态势吗？如果有相关数据，其是否与淘宝、京东在发展初期的某一个阶段有相似之处？如有相似之处，相似点在什么位置上？

吴畏： 微商也是目前的热点，我们会发现朋友圈卖货的越来越多了，其实他们都是微商。目前，我们还无法去监测微信内的一些活动，所以我们无法提供微商发展的趋势。但从我身边的行业人士的探讨来看，基本上有两个方向的观点：一个方向就是说未来微商是个巨大的趋势，另一个方向是说微商必死。目前这两种观点更多的是处于互相探讨、互相 PK 的状态。现在微商也处在野蛮生长阶段，可能未来会遇到相应的政策门槛，或者一些大平台的措施，目前应该是无法跟淘宝、京东相比较的。

我个人认为，微商有点像是传销。我个人更希望在一些专业的购物网站购买

东西，因为我认为它们能够提供更好的服务——无论是商品是否是正品行货，还是相对的价格透明度、提供的售后服务等，都比微商要做得更好。

目前来看，微商在卖的主要是一些个人护理品类，比如牙刷、牙膏，最多的是面膜。这些商品有一定的特点：第一不容易变质，保质期很长；第二，这些商品物流配送非常简单，要求不高；第三，这些商品你用了以后不会有什么损害，你对它好的感知也不会太强。比如说你买了面膜，你敷上去可能不会感觉特别好，但是也不会感觉特别差。

APP与H5各有所长

张巍（美丽V+化妆品垂直电商COO）： 请介绍一下APP和HTML5发展的趋势，HTML5是否会取代APP？这个趋势对移动营销有什么影响？将会怎样发展？

吴畏： 这个问题挺好的，但我认为目前没有绝对的答案。APP从用户体验来讲，一定是比H5更好，因为它能调研更多手机的不同特性，而且整个应用的流畅度和平滑度会更好一些。比如现在有手机游戏，没有人会去玩H5的游戏，要获得好的体验你还得去下载一个APP，所以我认为H5取代APP还为时过早。

为什么有很多人唱红H5呢？我认为有几种情况：首先，那些做浏览器的企业一定会唱红H5，还有像微信这种社会化APP也一定会唱红H5。其次，有的时候如果APP并不是高频应用，在用户手机的桌面上存在没有什么意义，因为用户并不会每天都点，慢慢地这样的APP就会被卸载，就没有存在的价值了。如果要想有很强的体验和相对高频的使用，APP肯定是一个最好的选择。如果不符合这两个条件，你做个H5也是很好的。

传统企业如何经营用户

陈特军： 目前中国的营销可以说已从产品功能时代、大众媒体品牌时代跨入了用户社群参与式营销为主的时代，小米与罗辑思维的参与式营销已证明这种方式的成功，这对其他企业会带来哪些启发？这种营销方式具有可复制性么？企业有哪些传播或沟通方式让用户参与进来？

吴畏： 这个问题问得特别好，但我不是一个营销方面的专家，所以只说一点个人的理解。这种营销方式本身的可复制性比较低，只有企业从零开始时，可以去找自己最核心的用户群体、意见领袖，让他们对身边的人进行传播。比如小米就去找帮助它的版本进行迭代的用户，然后让它们去刺激这些用户，给他们一些激励——所谓的参与感，然后一层一层地吸引更多的用户。比如做小米自己的社区，运营当时的微博，包括现在的微信，都做得非常好。但对于已经有一定基础的传统企业，复制这一模式是有难度的。

因为现在很多企业是代理式的销售，因此对于用户而言，他们跟品牌、跟企业之间的连接是比较弱的。但是小米一开始用的就是直销的方式，你要买它的东西，需要先获取 F 码，一开始就要求很多用户参与其研发、系统迭代的过程，跟用户的沟通是非常直接的。但因为传统企业的销售方式本身是一层一层往下切割的，很难在很短时间内把这些用户"捞回来"，再让他们从消费者变成用户。我觉得如果没有办法把消费者更快地变成自己的用户，不妨利用微博、微信这样的平台去经营好自己的用户。

互联网+，创新创业的历史机遇

李燕（万达快钱高级公关经理）： 你如何看待李克强总理在政府工作报告中提出"互联网＋"行动计划（推动移动互联网、云计算、大数据、物联网等与现代制造业结合）？这对互联网企业来说是契机还是挑战？中国互联网行业是否会产生新的格局？

吴畏： 李燕的这个问题很官方，其实对这件事我还没有特别仔细地去翻阅相应的一些文章或观点，说点自己的看法吧。这既是机会，也是挑战，因为一般来说，如果是个很好的机会，就会有很多人进入，就会产生挑战。PC 领域，目前格局已定，但移动互联网会有新的不同的格局变化。

政府层面的推动会对移动互联网带来哪些影响呢？第一，可以预测，大量的人会去创业。我发现身边的很多人都去创业了，他们积极响应了党的号召，参与到创新、创业这件事情中。第二，传统企业跟互联网的结合会越来越紧密。第三，由于政府会有对应的扶持政策和资金，会推动更多人参与到互联网创业中。同时，现有的互联网公司，因为有这种政策的支持，相应从业人员的增多，都会获得非常快的发展。格局其实很难去预测，如果我现在就能预测的话，我可以提前买一些公司的股票了，所以我们更多的是扮演一个观察者的角色。

广告即内容，内容即广告

陈特军： 原生广告流行并成为有效的品牌传播方式背后有怎样的逻辑？内容沟通即传播的原生广告相对于传统广告有何优势、劣势？

吴畏： 特军的问题非常专业，我以我仅有的一点知识来回答一下。

首先根据数据。十年前互联网广告的点击率差不多有百分之三十几，也就是说有十个人看到一个广告，会有三个人点击观看。但现点击率只有千分之几，好的也不过是百分之一到百分之二，这已经是非常高的点击率了。在门户网站你会留意那个位置就是放广告的，所以从你的视觉上、你的行为上你都会回避那个位置。另外，现在视频前面的广告，虽然是一个非常好的形式，但如果你对这个广告内容不感兴趣，你也会回避，因为互联网上有很多不同的窗口可以切换，焦点非常容易分散。所以，对于广告，只有是精准的、适合的才有效果。

关于原生广告的优势，我们先举个例子，比如说所谓的病毒视频，可能是比较典型的原生广告。在这些病毒视频里，一开始你会认为它是一个内容，能够给你带来欢乐和情感的冲击，你会关注或者喜欢上这个内容。这时候你会仔细地去看里面的东西，如果在这里面植入一些潜在的品牌，或者是从人物的台词中流露出来的广告语，这些内容直接就被你吸收了，与传统广告相比，这是最大的优势。我相信任何一个人都希望能够做到广告即内容，内容即广告。

另外一个优势就是，这样的一些原生广告，如果本身是有趣的，就非常容易获得比较好的口碑传播。这也是厂商希望实现的，即用比较高的内容制作费用，比较低的媒介费用，实现比较好的广告效果。

因为在我们大量的广告预算中，少部分是内容的制作费，大部分都是媒介费用。如果能够实现把更多的钱花在广告内容本身的制作精良度上，让它获得非常多的用户口碑传播，减少媒介花费，我相信这是每个广告人希望做到的一点。

关于劣势，那就是对于创意制作人员的要求非常高。如果你的广告痕迹过于明显，或者说与内容的结合度非常差，那么用户可能也不会关注到。但如果你做得过于隐讳，可能作为用户根本没有意识到这是一个广告。一个好的原生广告内容，需要花非常多的精力。

另外，这种原生广告在定价方面可能非常困难，因为对于做这个广告的人来讲，可能无法预计到这个广告最后会产生多好或者多坏的后果。但是传统广告，哪怕是互联网上的传统广告，是比较容易定价的，它可能易于进行商业上的操作。所以，目前所谓的传统广告确实还是主流，原生广告在整个广告市场中有一定的份额，但感觉它还是很难成为比较主流的广告形式。

大数据对用户的跨屏追踪

陈特军：大数据已毫无疑问会成为营销的明灯与金矿，对于这座金矿企业要如何去挖掘？而对于因 PC、手机、电视、Pad 等大小屏各行其时的数据体系将用户行为割裂、对数据的完整性造成损伤，未来是否可以通过技术实现用户的跨屏追踪？

吴畏：我分几个角度和方向说说对于企业来讲怎么去挖掘大数据金矿。大数据在营销方面的应用我认为是几个角度：第一，基于大数据我们可以更好、更精确地了解我们所希望触及的用户分群的情况，能够使我们对用户定位做得更精准，包括对用户了解做得更深入。

第二，能够用大数据做一些精准的媒体选择和投放。

第三，通过大数据进行创意的优化。

其实现在已经可以通过技术来实现用户的跨屏追踪，比如你既有 PC 的 DSP，又有移动端的 DSP，数据就可以实现跨屏的一一对接。也就是说，未来可能是这样的情况，如果一个广告你在手机上已经看过三次，那么 PC 端可能就不会给你放送这个广告。这都是可以实现的，技术上并没有特别大的难度。

有难度的地方主要在于，目前 PC、手机、Pad 还是比较容易连接的，但智能电视的广告系统目前还没有一家特别大的公司能够全部整合起来，所以电视跟其他媒介的连接，可能还需要一些时间。

总结一下，在营销这个层面，我认为可以以三个点来挖掘。 第一，是基于大数据的用户管理、用户分析、用户挖掘。第二，是基于大数据的广告投放、媒介的选择、广告位的优化。第三，是基于大数据的创意优化。

陈特军：用户行为的跨屏追踪是否可以实现？

吴畏：实现用户行为的跨屏追踪是没有问题的，当然这有个条件，还得基于一个平台。举个例子，我是做移动端 DSP 的，我的很多 SDK 在很多 APP 里面都有植入，这个时候我就知道这个用户是谁，因为用户有一个唯一的 ID，这个 ID 我会预设一下同样在 PC 端对应的 ID，这样我就能够把 PC 端的用户跟移动端的用户进行连接，我认为这两个用户的行为是同一个行为。

跨屏追踪有一个非常重要的难点，如何将 PC 端的 CookieID 跟手机端的 ID 进行关联，它是唯一识别码。有时可以通过一些注册行为来实现这种关联，这是最容易的，比如说你在 PC 端用 QQ，你在手机端用 QQ，你都登录了，系统肯定知道你是同一个人，就能够实现跨屏追踪，但离开腾讯体系就无法追踪。

问卷调查与用户监测

唐挺（途家网公共关系总监）：吴总好，我想问一个调研方法和数据分析的基础问题。我注意到，艾瑞的调研报告大部分还是基于抽样调研，这种调研的利弊分别是什么？会不会出现偏离度较高的情况？在目前百度、阿里等互联网公司大数据日趋发达的情况下，如何做到更能反映用户选择或行业趋势？

吴畏：一般来说，我们获得一些数据会有几种方法。可能大家在艾瑞的报告中看到主要的方法是抽样调研，也就是找一些样本，比如说 2000 个样本，这些样本是我们根据一定的条件筛选好的，比如说女性，18 ~ 25 岁，然后我们投放一些问卷，问一些问题，用户会告诉我们一些答案，我们再把结果进行数据的分析、清洗，最后呈现调研的结果，这属于抽样调研。

另外一种方式同样也是抽样，但它是基于样本的，我们做的并不是调研，而是监测。同样，我们也去找到一群人，然后在他们的电脑上或者手机上装一些软件，当然这些软件不会记录他们的隐私，只是去跟踪他们的行为。我不用去问他们，就能了解他们去过什么网站、打开什么 APP、访问多少时间、浏览多少页面数等。

对于这两种方法，问卷调研的好处是：获得样本的成本相对比较低，像我们这边服务客户一个样本 40 块钱就可以了。但如果我要做一个样本的监测，一方面要装监测软件，另外还要维护，这个成本就非常高。这叫作获得样本的难度和成本差异的优势。

第二，如果用问卷调研，我问你昨天上了几个网站，你肯定记不清楚，你只能大概告诉我昨天也许上了哪几个网站，无法全面地告诉我你昨天上了哪些网站，浏览多少页面数，浏览了多长时间。但是监测完全可以做到这一点，它可以知道你每分每秒的行为。这是监测相比问卷调研的优势。

第三，问卷除了可以问你一些行为方面的问题，也能问你一些情感倾向型的问题。比如说它可能会问，你是否喜欢滴滴打车这个软件？但通过监测，顶多只能发现你用滴滴打车这个 APP 比较频繁，但至于你喜不喜欢，是不知道的。

这是监测跟调研的几点差异。

像阿里、腾讯，他们根据所了解的用户数据，可以进行很多分析，因为他们有海量的数据源，可以进行精细化的分析，而且准确度非常高。腾讯掌握的是腾讯用户的行为习惯，阿里掌握的是阿里用户的行为习惯，而作为一个第三方的平台，我们可以同时掌握阿里用户和腾讯用户的行为习惯，以及两者之间交叉的行为习惯。比如说这个人可能从阿里的网站跑去了腾讯的网站，作为第三方，我们可能是知道的。但是作为阿里或腾讯来讲，它没有办法获得对方的软件、应用程序、网站所覆盖的用户，因此他们未必知道。

现在艾瑞也在推出大数据的版本，大概的方法是跟运营商合作，获得它的行为数据，因为从数据的精细度和颗粒度来讲，运营商的数据应该是最清晰、最全面的。

从品牌营销到心智聚焦，从"不变"入手而求"已变"

作者简介： 宇见（微信公众号：yujianyingxiao），专注于以独立视角，写真实的营销洞察，由营销爱好者王宇运营。同步有宇见营销俱乐部，是宇见和朋友们交流营销实践的平台。

TED 演讲没有开头，总是上来就直奔主题。我猜测类似做法是希望尽量免去那些"完全正确"的废话，从而让更有价值的信息被凸显。有些废话，像去任一行业会议都能听到的"2016 年机遇大于挑战"一样，不仅毫无意义，其真实性也很值得怀疑。

现实情况是：2016 年对大多数营销人来说，挑战大于机遇，这将是非常艰难的一年。

最大的艰难可能来自信息的粉尘化。你平均每天遭受多少条信息冲击？你还记得上周发生的热点是什么？昨天下午你都读了哪些消息？你又能回忆起其中多少呢？

移动生态之下，变化正越来越快！当每件事都处于剧烈流变中，让人无所适从的时候，也就难免让人对"关注变化"的主流认知产生怀疑；相反，聚焦于那些不易改变的基础事实或许才是更好的商业策略。

正如亚马逊创始人贝佐斯谈到的："过去我常被问到：'未来十年将发生什么变化？'但我几乎从来没被问过：'未来十年什么将保持不变？'而我想说，第二个问题才真正重要——因为你可以针对稳定的事物制定商业策略。比如，在零售业，我们知道顾客希望低价。他们想要更快送货，更多选择。在未来十年任何一个顾客都不可能说：'杰夫，我爱亚马逊，但我希望它价格更高些'，或者'我只是希望它送货再慢些'。这几乎是不可能的。所以我们要将精力投入这样的事物，因为我们知道现在投入的精力将在未来十年得到回报。"

同理，在营销中也存在着一些不易改变的基础事实。宇见认为，在 2016 年甚至更远的未来，有三个"不变"始终值得我们关注：

赌对"专一"认知，聚焦不变

一位智能硬件品牌的CMO，不久前向我提出了一系列让她感觉棘手的问题：如何根据产品设计品牌策略？如何测绘消费者画像？如何为营销设定KPI并落实评估？怎么获得更多元化的整合传播效果？如何甄选性价比高的营销服务提供商？等等。

然而，坦白地说，在回应这些问题之前，我首先必须来问她一个更基础的问题——"你的品牌在用户心智中是否有一个焦点？"或者换一种问法——"你的品牌究竟为消费者提供了何种差异化的价值？"

在我看来，如果无法明确这个问题，营销工作就无法开始。

迄今为止，我们还没发现任何一个在用户心智中失去焦点的品牌能够成功。换言之，品牌成功与否的标志，是看人们能否对该品牌所代表的价值有明确的认知。在可以预见的未来，我认为这一点始终不会改变。

无论是智能硬件还是其他产品，新创品牌的首要工作，是在用户心智中寻找到一种可被识别的差异化价值。这个在用户心智中寻找焦点的过程，我们把它叫作"价值发现"。

这个焦点可以沿着功能性思考来寻求。比如，红牛代表的是能补充能量的饮料，特斯拉是电动汽车，士力架是用来干掉饥饿的巧克力，小米是极具性价比的手机。也可以是一种与众不同的情感价值，比如，小茗同学是年轻搞怪，英菲尼迪是付出敢爱，M&M's是妙趣挡不住，锤子手机是天生骄傲。

	饮料	汽车	巧克力	智能手机
FUNCTION(功能)	红牛	特斯拉	士力架	小米
EMOTION(情感)	小茗同学	英菲尼迪	M&M'S	锤子
SOCIAL STATUS (身价)	依云	奔驰	费列罗	苹果

有趣的是，传统定位理论认为这个"心智焦点"需要浓缩成一个概念，强调通过语言逻辑来构建认知。像是"困了累了喝红牛""小困小饿喝香飘飘"，以及"除了安全什么都不会发生"的神州专车，等等，但 SDi（从用户价值的角度看营销）不这样看。

比如，请问星巴克的 slogan 是哪一句？该品牌还提出过"第三空间"理念，你觉得会有多少除商业观察者之外的普罗大众，能准确清晰地解释这一点？大家只知道，约人谈事去星巴克喝杯咖啡，是再正常不过的一件事儿。换言之，SDi 认为，品牌能够激起消费者明确的感知与回应，无论它是语言的还是非语言的，是功能的、观念的，还是偏向于情感体验的，都可以说是在用户心智中寻找到了焦点。

赌对"被动"植入，努力不变

有一个心智中的焦点，是这些努力的前提。

而一旦我们寻找到这个焦点，就需要通过公关、广告、社交媒体、感性设计等一系列"表达"范畴的努力，不遗余力地将其"植入"到用户心智中去。这是我认为市场营销在可预见的未来，绝不会变的第二条规律。

从传播角度看营销，无非就是 implantation（植入），一种将品牌价值"植入"到用户心智的艺术。

然而在今天，企业的实际经营中却存在着大量的误操作。比如，将大量预算投放到互联网，是不是就必然能够将品牌价值植入用户心智？互联网思维、Social 新媒体 +，是不是就必然意味着一切传播问题药到病除？在粉尘化的信息环境下，当挖空心思、殚精竭虑的一幅海报只换回几十阅读量，我们构建品牌认知的效率怎样？在大多数人一拥而上追逐热点的过程中，你又如何避免品牌成为这个"跑龙套"游戏中又一个面目模糊的参与者？

美国西北大学的教授们曾开展过一个专项研究，收到了超过 110 万份问卷，覆盖 73 个快消品类和 1500 个独立品牌，结果显示：频繁使用社交媒体（主要是 Facebook）的被试者，相较于那些较少使用者，在被问到自己的品牌偏好时，更倾向于将"无品牌偏好"作为选择。西北大学教授唐·舒尔茨据此提出了一个颇有争议的观点——"你越多地使用社交媒体宣传品牌，你的品牌价值就会越低！"

社交媒体的兴起短短数载，要证明舒尔茨教授的观点是否正确或许还需要时间。但有一点却是肯定的——传播的本质，应该始终服务于构建品牌认知，以及强化用户对品牌价值的认知优势。因此，品牌的媒介策略无论在何年何月，都必须着眼于找出实现上述目标最具效率的媒介组合。

2015 年 2 月，Facebook 在英国全境发起了大规模的广告活动，从伦敦地铁到英国最受欢迎的电视频道到处可见其身影。2016 年 2 月，国内著名的互联网品牌豆瓣在 11 年来的首度发声——"我们的精神角落"宣传活动中，整合了大量户外媒体；而诸如小米手机、锤子手机、神州专车、瓜子二手车、58 转转等大量互联网品牌，近年来也纷纷选择将广告投放在电梯海报这样的"被动型"媒体之上。

今天电视有 120 个频道，视频有几十万档节目可供选择，移动互联网上更是资讯泛滥成灾。资讯过度令消费者注意力涣散，广告越来越被稀释难于记忆，而对社交媒体的过度使用，对热点的追风盲从也导致了"品牌认知模糊"的不良后果。

类似分众这样"被动型媒体"的价值恰恰在于用户"少受干扰"，同时"没有选择"——晚上你可以看美剧、看视频、看微信、玩游戏，也可以逛街、吃火锅、喝茶、聊天，但对绝大多数人来说，每天上下班的"被动"轨迹却是无法改变的。

在 2016 年这一时间节点，营销人有必要对这两年"互联网思维"的操作误区进行适当反思，同时应该更加重视、利用好"被动型"媒体，思考如何在一个广告"不被打扰"的封闭场景下，更有效率地植入信息、构建认知、引爆品牌！这是我们可以赌对不变的第二个方面。不敢于冒险，才往往是品牌最大的风险；而当用户暂时没有选择，也恰好是品牌最好的选择。

📱 赌对"推荐"KPI，标准不变

现在回过头来，让我们再来讨论刚才那位小伙伴所关心的——"如何为营销效果设定 KPI 并落实评估"的问题。我建议她考虑投被动型媒体广告，她的顾虑还是我们都再熟悉不过的那句——"我不知道我的预算有哪一半是被浪费了的"。然而当我问，如果把这些预算完全投向 Digital Markering（数字营销），你的顾虑就会从此消失吗？

答案是否定的。

她继续吐槽说，如今公关、广告公司林立。那些跟你讲 KPI、讲阅读量、讲传播转化率和各种匪夷所思"算法"的公司，也有可能通过刷量来"完成"效果，来粉饰成绩，真心让人头大，不知如何选择。换言之，"我仍然不知道我的预算哪一半（没准更多）是被浪费了的"。

这个问题，怎么破？评估营销工作的 KPI 究竟应该是什么？

宇见认为，关于这个 KPI 的设定与考核应有两条主线：其一是主观评定，是将自己切换到用户视角，扪心自问，这个广告对我理解品牌价值有多大帮助？是不是给我带来了有趣、有用的信息或是独特的情感体验？我是否真心喜欢这个广告？就像"做出让用户尖叫的产品"是小米衡量任何部门任何工作的"金线"一样，你也需要有这样一条足够简单的主观标准，用以衡量团队的付出及供应商服务的成效。

"但我没法用这条看不见、摸不着，也没有任何数据的'金线'去跟老板汇报，去向公司交代啊。"

没错！所以你还需要下边这个原则。

从 SDi 的观点出发，我们认为评估营销是否有效的重要标准，是看是否向用户交付了价值，并是否得到了用户对该价值的理解与认可。那么，这一点如何能被数据、分析所证明呢？这就需要问，当你向用户交付了价值，用户认可你的价值，那他最直接的反馈会是什么？

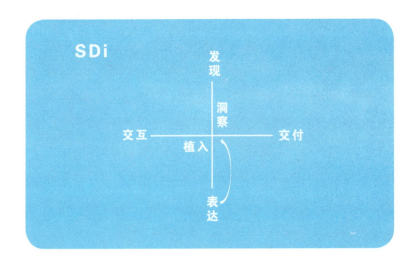

是交互！是推荐！也就是说，企业应着眼于设定最能反馈营销本质的简化KPI，像是建立一个类似的"四格报告"，将用户的推荐和交互行为作为观察重点，着手进行相应的数据积累和交叉分析。

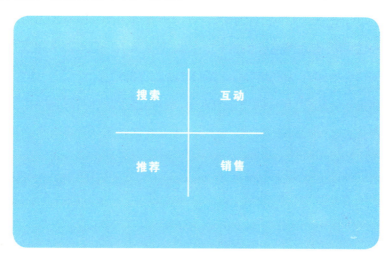

比如，不同的营销行为，无论广告、PR 或者 Social，对用户"搜索"行为的影响反映了是否持续地卷入了用户关注，而这种卷入的强烈程度如何？营销行为带来了多少互动？它带来了多少在微博、知乎、豆瓣、官网上的高价值评论、转发和问询？又带来了多少微信公众号后台的留言？它带来了多少媒体的主动提及？又如何影响到客服咨询量的变化？进而，它还带来了怎样的销售变化？

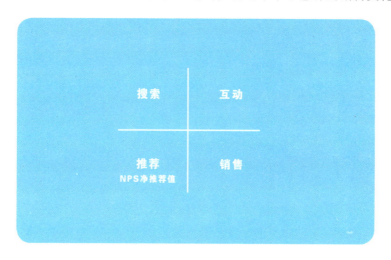

这么说，其中最核心的应该是"销售"指标吗？ No ！

相对于关注这个短期指标，最核心的应该是"推荐"纬度下的"NPS（净推荐值，即口碑）"。

无论过去、现在还是未来，用户是否会向他的亲友推荐你的品牌，总是代表着最高的认可程度和最大的销售意义。

口碑一直是滋养品牌生长的营养，所以宇见认为，以 NPS 的提升作为评估营销成效的核心指标；以做出能够让用户真心推荐的产品、作品，作为营销人努力的方向和恪守的匠心，在可以预见的未来，绝对是值得我们相信赌对"推荐"KPI，标准不会改变。

Part 2

营销的本质

营销之基 ——产品

如果产品没有场景，我建议你洗洗睡了

作者简介： 吴声，场景实验室创始人，场景基金管理合伙人，中国电子商务委员会执行秘书长。1995 年毕业于南京大学，先后在凡客诚品、京东商城、乐蜂网等电子商务企业担任高管、顾问，作为联合创始人参与创办罗辑思维，运用场景思维策划多起 IP 商业案例。2015 年著有《场景革命：重构人与商业的连接》。

人是这个时代最大的场景

知乎创始人周源说："用户即场景：整个互联网的变化就是场景变得越来越小，变得越来越非标准化，变得越来越精准和贴近个人。之前的所有场景基本上都是大平台，比如买一件东西，搜索引擎是场景本身，淘宝是场景本身；查找各种分类信息，信息是场景本身。知乎经过四年的发展，很多用户自己变成了场景。最近我们发现有些用户通过不断分享成为日本旅游的专家，他可以向关注者和粉丝输出服务能力。以前我从来没有想过一个用户可以在知乎树立自己的品牌和口碑，还能进行传播。如果平台还是产品本身的话，你是很难想象的。在整个社区产品里，应该可以不断裂变出很多非标准化的小平台，它一定不是大平台的，而是基于同样的一小群用户的使用场景。"

我们看到的每一个知乎达人或者大 V，都被赋予一种不断碰撞的机会，答案多次被鉴定后，成为达人、专家和意见领袖。KOL（关键意见领袖）不只是指简单的超级大号或意见领袖，比如马云、李开复、马化腾、雷军等等，KOL 恰恰代表这个时代延展变化出来的亚文化的独特性，即便今天我和大家貌似侃侃而谈所有的场景革命和微信运营，我们在意的是这个分享会之后有没有产生更好的信息

流动。

其实大家不知道，我是一个摇滚爱好者和朋克爱好者，也是一个暗黑文化的热衷者，差不多有 5 年了。《潜规则》一书作者吴思说："这个时代，什么时候开始产生潜规则？"（注：潜规则就是在现实"规则"之后隐藏着的另外一种规则，这种规则才是人们真正遵循的行为准则。）

财讯传媒集团首席战略官段永朝说："工业社会把灵性杀死了，互联网是一个文明史上的千年大事，它可能会迎来灵性的回归。"没有人的灵性、个性和独特性，就没有所谓的魅力人格，产品的核心是人。

知乎的用户能够成为产品的时候，过去天猫、淘宝、京东、唯品会等电商超级入口所定义的产品时代就因此升级到 2.0 时代了，蚂蚁金服（马云旗下的蚂蚁金融服务集团）强调旗下的支付宝 9.01 版本商业模式变了，说支付宝是一站式的生活场景消费支付平台。

此前，阿里巴巴和苏宁云商战略合作互相参股的时候，苏宁董事长张近东大概表达出"新合作意味着突破了场景的局限"的意味。这只是在突破场景的局限吗？其实，完全可以说他们在创造一个新场景。基于苏宁的到店模式、苏宁易购的垂直电商到综合电商，和天猫的耦合，实现在物流、客服、数量、CRM 等方面的合作，这意味着全新的产品出现。我和苏宁易购的人说：为什么你们不是新的场景呢？

场景已经是我们无法回避的互联网运营关键词，也是商业模式必须正面面对的入口。这就是为什么马化腾、马云、王健林、李彦宏在基于线上线下联姻层面发力的原因。李彦宏为什么拿出 200 亿元做糯米？因为这意味着百度从"连接人和信息"进化为"连接人与服务"，这成为其中最核心的环节，因为这里的关键词是场景。有人下载过微众银行的 APP 吗？这样一个承载了很多人想法的移动互联网银行，是以腾讯为主发起的，和阿里巴巴的网商银行一样，它们面对新的应用场景。大家有没有发现，微信群在发红包的时候，空气突然安静了。各位，这是场景。

人是这个时代最大的场景。互联网要获取用户，都知道"唯快不破、免费"等概念，但这样是不是会导向一个虚无的命题？就是以用户为中心，然后就没有

"然后"了！正是基于"人是这个时代最大的场景"，就要考察人发生了什么变化。手机是这个时代充电的智能器官，它是我们器官的延伸，它在重新作用，这种情况给我的启发是：当意识真正投入到网络上，它会自己长出很多东西，我们可以称之为新的物种，而微信就是这样一个基础设施。

但比较遗憾的是，绝大多数企业的微信公众号不是这个基础设施上长出来的，企业只是把公众号当作标配，却不代表真正在微信上长出了意志和异质。我们想象一下，企业微信公众号是否要千篇一律、大爱无疆？是否要发那些所谓的荣誉？是否要发董事长被省委书记接见？我不知道这种内容的自信从何而来，它们没有尊重微信。如果有一天互联网死了，就是缺乏对用户的敬畏之心。通过移动端，我们能够让用户一键触摸，但是很多企业公众号的做法，简直就是对我们真诚的人格交往的侮辱。但是有人和我辩解，说我太不接地气了。我说，在粉丝来粉丝去、转化、导流等这些关键词中，隐含的是对你自己的不负责任，对用户的不尊重。

以今天为例：现在我们聚在这里，即便空调开到最大，依然让大家觉得热，这个时候，内心就愿意让星巴克送东西过来，并为此付费，这个需求就被场景激活了。这也是现在特别好的创业法则：上门服务、O2O、共享经济、分享经济。懒是我们最顽固的因子，我们要去直面它，当我们真的去洞察和定义新的场景时，新的商业模式就会被我们创造，那么我们就会享受到这个红利。

我们发现在城里开车成了"自驾游"（自己一个人在驾驶），但是道路很堵，因此现在演变出了 Uber、滴滴打车、易到用车等等，但有时候我们愿意返璞归真，发现骑行和跑酷是很酷的事情，是时尚的标签，骑行不再是通行工具，也不再只是炫耀和嘚瑟的标签，而是全新的场景，变成了品类，所以张向东去做了 700Bike 自行车。为什么乐视会推出智能自行车？它们其实都是基于新场景诞生的新物种和新品类，这是一个特别重要的观察，它代表在共享经济的崛起下，基于人的商业场景和商业模式产生的新的理解模式。

Uber、滴滴打车、美团，当它们占据高频的场景，可以随时切入低频场景。河狸家为什么不是河狸甲？美甲是刚需，两三周是常态，基于美甲的上门服务信任关系确立后，就可以激活低频产品，所以河狸家不仅仅只意味着美甲的用户场景，还会切入新场景，深化产品。你别看很多爸爸妈妈在朋友圈有格调，一涉及宝宝就手足无措，给宝宝连续讲一星期的故事就受不了了，所以"@凯叔讲故事"能这么快地崛起，也是因为它切入一个真实的应用场景。当我们在谈论这样一种真实应用场景的时候，这就是一个新的商业模式。

场景更多的是时间的消费、拥有和占有，而不是空间的浸入。它更多的代表时间的伴随而不是空间，代表我们和周遭万物的关系。怎么理解呢？当我们玩游戏不能通关的时候，会不会想到要花钱来解决呢？因为你投入太多的时间、成本和感情，正如我们常常不愿意结束一段长久的爱情关系，因为时间成本太高。

没有真实，哪有人格可言？

我们常常考虑了用户的利益，但没有上升到和用户发生关系，在时间的组织方式里面，一切皆有可能，随时随地的连接成为消费点，场景意味着：iPad 是场景、知乎是场景、罗辑思维公众号是场景……我们真正洞察时间消费的逻辑，就能敏锐感觉到亚文化、社群的重要性，它一定来自于兴趣、爱好等表达，场景代表亚文化的魅力。

因此，这个时候，你对用户说："我的功能很强大，我的跑分、评测、规格、指数很好。"但是，消费者不关心，小米 MIUI 已经摆脱了安卓系统，它代表亚文化的能力，米粉们会为了捍卫自己的品位、判断力和价值观而捍卫小米，就连那些"米黑"也会成为小米势能的助推者。当我们在谈论亚文化的时候，既包括爱你的人，也包括恨你的人，不要一直想怎么讨好你的用户，你需要的是：该有姿态的时候要有姿态，该有格调的时候要有格调，该傲慢的时候就不要那么亲和。因为这最能够代表人格化表达。

包括我自己在内，回家还不是垃圾乱扔，追美剧？我们能不能找到自己的亚文化？能不能通过人格化运营形成独特的连接？而不是关注用户阅读量过 10 万+，罗辑思维能轻易破 10 万+阅读量的原因是什么？其实我们正在经营亚文化，每每熟悉的知识，我们都要把它陌生化，通过陌生、新兴的方式去解决；新出现的事物要把它熟悉化，这样能保持阅读水准的期待，你永远不知道会推送什么样的文章。

微信是基于亚文化建设的，微信的能量是能界定出个人、企业有什么魅力人格。在移动端应该尽量真实，有自己的爱恨情仇、悲欢离合，应该体现而不是隐藏，只有真实才能万物有灵。没有真实，哪有人格可言？全世界的公司都说自己是生活方式的品牌，但是没用，这个时代的玩法变了。

真实的第二点是真诚。有人问我对"90后"怎么看？我说和某些"60后""70后""80后"相比，我更相信"90后"，他们代表未来和可能。如果我们还在这里讨论某个"90后"并不亦乐乎的时候，自己扪心自问，关键不是说谁好或者谁坏，而是我们要更多地去认知自我。每个时代的先驱和先烈一样多，炮灰和成功者是一起出现的，我们要专注对自我的评价，从而形成被连接的意愿，才能寻求被连接的力量，让对方愿意主动关注、转发、分享、评论、点赞，你需要的是理解自己的独特性，和这个世界、时代、互联网的关系。让我们的缺陷更加真实，态度更加真诚，内容更加富有连接属性，这才有价值。

微信公众号：探索、有趣、交互

关于企业微信号的运营方式，我可以提几个小小的例子，探索没有简便方法让大家实践。之前我在各种场合阐述什么是公众号的好题材，后来我看到汤臣倍健这个公众号，它们用讲故事的方式来做内容，这无疑抓住了自媒体的一个红利——文案用心。此后我把它作为案例进行追踪，它们的阅读量再也没有跌到一万以下。这告诉我们：第一，任何形式的创新，都有红利期和窗口期，即便有时候我们看到小咖秀、足迹、脸萌、昙花一现的 H5 应用或者微信的很多新规则，让我们猝不及防，但其实创新文化的变化、每次规则的变化，都代表微信运营者可以享受的福利，汤臣倍健只不过比别人更加用心，这种手法无疑成就了它们。

我们如何理解富媒体的多文本？推荐连岳和小道消息，它们属于应用最简单、最完美的表达方式。连岳，我会一个星期点开一次，在一个山寨、复制、无视原创的时代，它代表尊重；小道消息的图片极富场景感；罗辑思维是马桶伴侣的应用场景，然后从马桶伴侣的应用场景不断地深化。不要小看"马桶伴侣"这四个字，虽然现在是物质丰盈、信息选择过剩的时代，但是能在万千的碎片化世界中，弱水三千只取一瓢，就够了。滴滴打车本身已经变成这个时代出行方式的重大产品，在这种场景里面，滴滴打车可以随时随地地拥有更多跨界、连接能力和资源，然后产生基于电商、广告等的大型模式。

我们能不能成为人格化的伴随？视频或文字，不管是长是短，它应该是人格化，感叹号少一点，逗号、句号多一点。现在大家纷纷做热点营销、借势营销等等，其实红利在于第一个人如此说了，第二个人、第三个人呢？热点已经越来越难抓了，即使形成高标准的热点承接能力，即使永远不缺议题，即使永远第一时间发布对议题的态度和观点，即便创新无穷，我依然认为它没有办法达到杜蕾斯十分之一的水平，如果你没有形成高标准、稳定的、符合用户阅读习惯的内容，我建议你洗洗睡了。在这个时代，我希望大家带着这个场景去思考。

未来，订阅号、服务号都有价值，服务号更像商城模式，基于售卖；订阅号有更强的圈层模式，基于社群运营。不要只想着产品卖什么功能，而是能不能形成宣传能力。社群运营是核心中的核心，把自己的亚文化做起来之后，所有的号、H5都能够一体化。

未来要把握三个关键词：

探索：探索未知的东西；

有趣：真的好玩，让人觉得有意思，愿意主动去关注、浏览、推荐；

交互：社群很重要的一点，并不是说在微信上暴力刷屏，而是别人愿意互动并找到快乐。字幕组就是典型，它不给钱，但是给你一个决策，这个是对你本身最好的赞赏，也是超越用户利益的情感价值。

当然，在初始阶段，一定是混合的，而"产品型社群"才是一个完美的表达体系，吐槽和口碑都是一个硬币的两面。

场景一直在革命、一直在迭代。支付宝是场景消费平台，它以个体化的消费意愿进行支付，打赏和直播也是场景化的表达。产品越微小，目标越真实，场景的成功概率越高，形成圈层能力后，商业模式就实现了，未来的各种O2O也是各安其道，共享经济才刚刚开始。

年轻人拒绝被打标签，但这就是一个标签盛行的时代，把产品标签化和圈层化，小众趣味能引爆大众的流行。事实正是如此，你越有态度、有腔调，越能形成消费者的真诚感和规模。

这个时代，判断品牌的价值是你有没有势能，这是估值的前提和依据。当我们专注做好内容的时候，就能形成主动连接的一面，要么有趣、探索、互动、好玩，要么你形成一定势能的标签。能不能沉淀、积累、稳定地形成内容的期待？能不能通过市场行销找到连接和跨界的机会点，让新的人去感知，成为新的用户，成为社群的积极贡献者？这时候，主动连接的意愿形成，意味着内容本身要有更多文本的创新和内容能力的创新。只要以人格化形成内容的独特性表达，你总能找到你想连接的人，从而形成连接。

判断一个产品有没有价值，就是支付环节，支付场景是一个很重要的甄选方式。有场景、情感、温度和连接，我们就愿意为它付费，这些都超越价格的敏感性。

作者简介：李叫兽，本名李靖，李叫兽公司创始人，清华大学管理硕士，微信公众号"李叫兽"唯一作者，多家互联网公司的营销顾问。擅长制造互联网营销工具和方法论，用策略性的内容去影响大众，并给予大众启发性的思考。

新产品准备上市，营销人就忙起来了。

如果是下述这种新产品，一定不难推广：

作为消费者，你之前出门一直叫出租车，现在忽然听说某某平台推出了一种新的叫车服务——价格不变，但车上提供矿泉水和真皮座椅。

你当然更容易选择这个公司的服务。

因为对消费者来说，利弊很容易判断，成本不变、收益上升，何乐而不为？

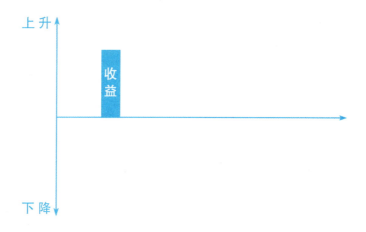

如果是下面这种新产品，一定也不难推广：

作为消费者，你之前出门一直叫出租车，现在听说某某平台的叫车服务进行了调整——所有服务不变，但价格一律下降三成。

你当然更容易选择这个公司的服务。因为对消费者来说，利弊也很容易判断，收益不变，成本下降，何乐而不为？

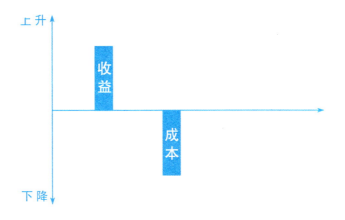

但如果是第三种产品，情况就不同了：

作为消费者，你之前出门一直叫出租车，现在听说某某平台推出了一种新的叫车服务——价格上升三成，但车是高档商务车，车上会提供矿泉水和真皮座椅，而且还提供免费开车门、免费等待等优质服务。

这个情况就复杂多了，作为消费者的你在看到广告后，到底是延续过去的习惯，还是尝试新服务？

很大概率是：只要你周围大部分人没有尝试新服务，你就会默认过去的习惯选择。

因为对你来说，利弊太难以判断了——收益和成本到底哪个大？今天享受一下坐个好车重要，还是省钱老老实实过日子重要？

假设上面三种情况中，消费者采用新产品的成本收益变化是这样：

第一种情况：收益上升 3 点（比如提供了矿泉水和真皮座椅）；

第二种情况：成本下降 3 点（比如价格降低三成）；

第三种情况：成本上升 3 点，收益上升 6 点（比如涨价但提供超好服务）。

表面上看消费者获得的利益都是 +3 点，但比较方式却非常不一样。在第三种方式中，比起现状（比如叫出租车），用户需要放弃一些东西（比如额外的金钱），并得到另外一些东西（比如更好的车），这就使用户不能在 1 秒钟内判断出购买新产品到底对不对，而且还会感觉收益不确定，最终可能放弃转变，从而延续过去的习惯。

第一、第二种情况容易比较，很好推广。然而不幸的是，很多新产品不是这两种——它们不是简单的收益增加或者成本减少，而是让用户放弃一些并获得另一些，这就导致用户很难瞬间接受：

电动汽车：比起现状（开汽油车），消费者需要放弃加油的便利性和续航能力强的好处，得到低噪音、更环保、启动快、省油费的好处……

一种新的技能培训：比起现状（周末在家休息），学员需要放弃休息时间和一些金钱，得到可能存在的技能、涨薪机会和职业发展。

老年保险：比起现状（不买保险），消费者需要放弃现在买车享乐的钱，得到可能存在的年老后的保障。

那么这些问题怎么解决呢？

如果一个新产品不是简单地提升收益或者降低成本，而是需要让消费者当下立刻承受一些看得见的损失，去追求未来采用新产品之后的潜在利益，那么该如何使其更快地理解和接受呢？

要解决这个问题，我们就必须先了解：为什么这种情况下，人们不愿意改变？一个非常关键的原因是：比起收益，人们对损失更加敏感。

在一项研究中，心理学家给两组人分别分发价值类似的咖啡杯和巧克力，等大家都拿到的时候，问是否愿意跟对方交换手中的礼品。

如果大家是理智的，那么应该会有 50% 的人选择交换。但最终的结果是：两组人都有超过 90% 的人选择不交换——拿到咖啡杯的人，提高了对咖啡杯的估价，不愿意交换巧克力；拿到了巧克力的人，也把"拥有巧克力"当成现状，认为巧克力重要，不愿意交换咖啡杯。

所以，我们会高估已经拥有的东西的价值，低估没有拥有的东西的价值。比如对一个汽油车车主来说，加油的便利性和续航能力强是他已经拥有的东西，自然觉得价值高，不能放弃；而电动车额外带来的环保、启动快、低噪音等，是他尚未拥有的东西，自然觉得价值没那么高，即使得到可能也没什么用。

在这种情况下，新产品推广难度自然会变大——比起使用新产品后将会带来的虚无缥缈的价值，现在立刻要放弃的价值却是显而易见的，用户自然不想改变。

就像告诉一个不学习的高中生：你要努力学习，将来考上好大学才能有个好前途，才能年薪 20 万元。

　　这经常没什么效果——比起好好学习后虚无缥缈的可能利益（比如年薪 20 万元），现在立刻要放弃的东西却是显而易见的，比如娱乐的时间。

　　那么到底如何解决这种"经典矛盾"？

1.提高新产品的易比较性

　　一个新产品，如果单纯让消费者获得额外价值（第一种情况），或者降低成本（第二种情况），消费者更加容易采纳。比如"更便宜的 97 号汽油"，这么好的事情，何乐而不为？

　　但大部分产品并不属于这两种情况，让人很难直接跟现状进行比较，怎么办呢？

　　一个重要的办法就是：通过一些营销行为，把不属于这两种情况的产品，转化为属于这两种情况的产品。

　　比如：

（1）通过前期补贴策略来转化

　　在专车服务推广之前，很多用户的现状是"叫出租车"，对他们来说，更高价但也更舒适的专车，就属于这种情况：

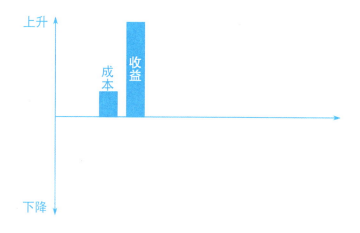

　　对专车的潜在顾客来说，虽然切换到专车实际上收益大于成本（只多花了一点儿钱，却舒适了很多），但前面我们说过：人会低估收益，高估损失。

　　所以看到广告后可能并没有很高的尝鲜动机：未来的收益不确定（这种服务提升到底怎么样），但直接的损失却非常确定（付出更多金钱）。

怎么办呢?

专车服务在初期为了迅速鼓励第一拨尝试者,直接通过"充100送100",把价格降低到出租车服务的级别上,从而让第三种情况变成了第一种情况。

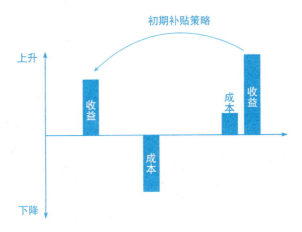

在这种情况下,消费者的心理就发生了改变:"服务、舒适度都比出租车好,价格却一样,我不尝试我傻吗?"

而一旦一个产品让人产生"放着好处不尝试,我难道傻吗"的心理,就更容易迅速引起购买和推荐。

(2)引入参考点,切换比较对象

对没有听说过汽车安全座椅的父母来说,如何才肯响应众多营销人的号召,进行"消费升级"呢?

一般来说可能比较困难,因为额外购买的这个安全座椅产品,也属于这种情况:

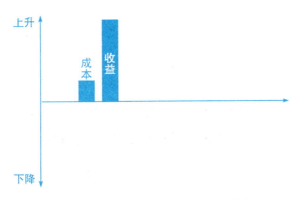

成本上升（多花了 1000 元），利益当然也上升了（让孩子在车内更加安全）。

可这个问题前面就说过：额外的成本是直接看得见的（1000 元钱呢），但潜在的利益却是不明确的——说是安全，谁知道安全多少？是的，你当然可以宣传说产品能把事故率降低几个百分点，可我怎么会知道值不值？

那怎么办呢？

我们可以通过引入一个"参考点"，来改变用户的比较对象。

假设说：车上比路上更危险——一些数据发现，孩子在各种急刹车中受到的伤害，远超过在路上的伤害。与其花费数千元买安全童车，还不如给车上加个安全座椅。（注：这里仅为说明理论，孩子在车上的危险情况与在路上的危险情况对比仅仅是数据假设。）

如果植入这样的信息，消费者就容易把购买安全座椅的行为，直接跟已有的"合理行为"（安全童车）进行比较，而不是和"0"进行比较。

这样就把一个难以直接比较的问题，转化成了容易比较的问题：

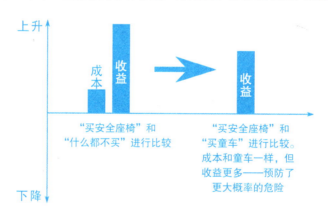

这样消费者就不用思考"额外花 1000 元买安全座椅到底是否必要"，因为："既然我买过了安全童车，这个是合理的。安全座椅和童车价钱差不多，但更能确保安全，自然也是合理的！"

实际上，上面这种思维在数学上的应用，比在营销上的应用还要多。李叫兽记得有个关于数学家的段子是这样讲的：

一个数学家去找工作，面试官问他："假如你正在赶往公司开一个重要的会议，这时你突然看到一栋建筑着火了，很多人在求助，你会怎么做？"

数学家说："人命比会议重要多了，我会立马叫消防队并尽自己最大的能力去帮助被困的人。"面试官对这个回答很满意，于是继续问另一个问题："如果建筑没有着火呢？"

数学家想了一会儿后自信地说："我会点火把建筑给烧了。这样我就把一个未知问题简化成另一个已经解决过的问题了！"

虽然这是个搞笑的段子，但的确说出了一个重要的数学技巧：把一个未知问题，转化成另一个已经解决过的问题。

上面的例子也是这样，"额外付出1000元成本到底是否必要"是一个未知问题，但跟消费者过去购买"童车"进行对比参考，就相当于转化成了一个已知问题——既然买童车是合理的，那买这个安全座椅更合理。

（说明：具体使用什么参考点，应该取决于"用户满足同样的需求，还会买什么其他产品"，比如安全座椅是满足孩子的安全需求，就可以寻找用户过去满足安全需求还会买什么其他产品，然后证明该产品比其他产品更合理。）

（3）组合产品，形成比较

通过切换参考对象，让人可以直接进行比较。但有时候就是找不到合适的参考对象，怎么办？

比如果冻刚被发明出来的时候，就没有明显的参考对象——一堆从肉里面提取出来的凝胶，加入了水果，和什么进行参考比较？

如果直接当作零食，直接买果冻，就又变成了这种情况（况且大家并不觉得这个作为零食比薯片和爆米花要好）：

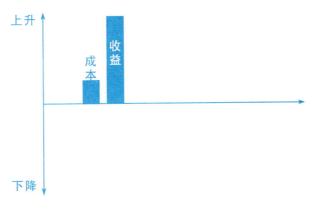

（我想你跟李叫兽一样，已经彻底开始厌恶这张图）

这时候最多有些尝鲜需求，但并没有让人产生"不选择这个难道我傻啊"的感觉（事实也是如此，刚推出的前两年都没怎么卖出去）。

那怎么找参考对象，让人易于比较呢？

这个产品本身很难找到参考对象，但跟其他产品进行组合，可能就容易找到参考对象了。

当时吉露牌果冻的创始人发现，美国家庭主妇普遍在制作餐后甜点上存在痛点——觉得太麻烦而又不得不做，以满足馋嘴的孩子。

于是该产品给很多家庭发了免费的甜点指南，上面写着：只要给吉露牌果冻上淋上一层淡奶油，一道简单而美味的甜点就做成了。

使用了这个策略后，产品大卖。

他把果冻和另外一个产品（淡奶油）进行组合，就形成了现在家庭制造甜点的参考物品，而相较于很多人制造甜点的方式来说，吉露牌果冻收益不变（反正都是甜点），但成本降低了很多（省了时间）。

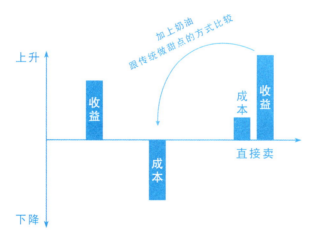

"收益不变，又帮我省了时间，我何乐而不为？"

总之，消费者不具备理性计算收益损失的能力，一个既有收益又有损失的新选择摆在他面前，很有可能被直接放弃。

如果通过某种方式，转化成了一个"只提高收益"或者"只降低成本"的选择，消费者就更容易马上接受——"这么显而易见的好选择我不选，我傻啊？"

2. 利用经验效应

通常面对一种新事物的时候，我们经常高估接受它的损失，低估接受它的收益——这是很多新产品难以推广的重要原因。

除了"提高易比较性"之外，还有一个重要的方法就是：利用消费者过去的类似经验。

当我们考虑过去，而不是考虑现在的时候，就容易变得更加客观，从而在一定程度上克服对新产品的偏见。

比如一个提升专科学生职业技能并且帮助他们找工作的培训项目，在初期推广肯定比较麻烦：收益是未知的（未来的工作、学到了什么可能都不知道），但损失却是非常直接——耗费几个月时间和一些金钱。

作为营销人员，你非常确信这样的项目可以帮助目标学生，使他们通过个人努力可以进入较高收入的白领阶层，但就是困惑于他们的无动于衷。

这是因为你面临的"现状"和消费者面临的"现状"非常不一样：

内部人员视角	消费者视角
• 常年体验这个产品 • 信任产品 • 明确产品的收益和成本 • 明确产品满足的需求	• 第一次发现该产品 • 对承诺呈中立态度 • 了解要付出的成本，但不那么明确收益 • 不了解产品满足的需求

这时候用户会高估成本，低估收益，最终可能放弃选择，继续窝在寝室里玩游戏。

此时应该寻找用户过去记忆中的类似情境，让"经验"来帮助用户做决策。如果你让用户觉得这次的培训项目是"第二次机会"（之前高考没考好错过了第一次机会，现在有了第二次机会），让他们联想起过去的错误选择（比如当时高估学习的成本、低估学习的收益），就容易让经验作用来指导他们的行为。

因为人类作为进化了数百万年的物种，为了存活下来，本身就存在强大的吸取经验的能力（只不过很多时候没有被激活）。

如果你利用了用户过去在类似情况下的经验，这一回他们可能就会做出你想让他们做的选择。比如尚德教育机构曾有个文案说"曾经错过大学，别再错过本科"，就是利用经验效应的例子。

还有，前段时间李叫兽看到一些微商培训打出的文案：十年前你错过了淘宝，现在别再错过微商。

这就是利用当时部分人错过淘宝（低估收益，高估损失）而后来眼看别人赚钱产生的懊恼经验，来刺激他们从事微商。

所以，当你想要让用户接受一个收益模糊而又有损失的产品，可以想办法利用用户过去的经验，问自己这两个问题：

第一，用户过去在类似的情景下，做过了什么错误选择？（比如"十年前你错过了淘宝，现在别再错过微商"。）

第二，用户过去在类似的情景下，做过了什么正确选择？（比如"十年前你果断抓住淘宝的机会，现在也能抓住微商的机会"。）

不仅在产品营销，这种技巧在说服领域的应用也非常广。比如在《琅琊榜》中，就有这样的情节：某大臣想说服皇帝，打压一下一直被信任、被宠爱且战功卓著的郡主（军事统领），皇帝觉得没必要。然后该大臣直接说了一句："您还记得当年的赤焰叛军吗？"皇帝立刻产生了利用经验的感觉，最终打压了这个郡主。

3. 寻找拥有最大动机的群体

如果前面几种方法仍然不能说服消费者，怎么办？

毕竟很多研究发现，人对损失的感知程度，一般 3 ~ 4 倍于收益——比如开汽油车的人要放弃续航能力强且方便加油等好处来选择电动汽车，即使电动汽车带来的额外价值（比如起步快等）两倍于续航能力差等问题带来的损失，大部分人仍然不会选择电动汽车。

这也是为什么《从 0 到 1》的作者说：如果新产品不能带来 10 倍性能的改变，基本上很难有机会。

谷歌搜索比跑去图书馆慢慢搜带来不止 10 倍性能的改变，所以推广很快。

但在创业初期，产品通常没有那么好，怎么办？

实际上，如果不能带来 10 倍性能改变，经常需要去寻找能够体验到 10 倍改变的群体。

比如，我前段时间用于代步的一个产品"电动滑板车"之前就有这个问题，一个用户需要放弃电动车的收益（续航能力强等），选择更加便捷但续航能力差的滑板车，自然容易高估成本低估收益。

但对于有的群体来说，因为存在某个必要性的动机，电动滑板车的存在一定能带来 10 倍的改变。

2015 年年初，我一直在思考这个群体可能是什么，直到有一天骑着电动滑板车找朋友吃饭，朋友见面就说："哟，李叫兽现在不干营销，开始干代驾啦？"

我才知道在代驾市场，电动滑板车就是带来了 10 倍性能提升——因为能折起来放到客户的后备厢，代驾司机就可以骑着滑板车去附近下单的人那里，而传统电动车就不行。

对于这个群体来说，新产品收益的增长是成本增长的很多倍，导致即使是第三种情况，他们也会选择接受创新。

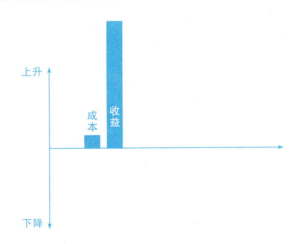

再比如，太阳能刚开始在美国推广时遇挫——对美国人来说，太阳能优势是更加廉价和清洁，但电力并不稳定（比起他们完善的电网）。

但后来太阳能却在非洲一些地区推广很快——这些地方压根没有电。

他们的"参考点"和美国人不同，对他们来说，太阳能电力虽然不稳定，但至少比没有电要好，自然容易接受。

对他们来说，太阳能这个创新带来的就是 10 倍利益的改变。

所以，产品推广初期，应该去寻找那些拥有最大消费动机的人。这个时候有人说：那这个部分群体"吃"完了怎么办？扩大群体的时候呢？扩大群体的时候就容易了——当我们发现很多人已经开始消费了，就容易把别人当成参考点，模仿别人的行为。

就像你在股市猛涨的时候，在公司茶水间听到某某同事又赚了一笔，就会把这个同事赚钱的比例（比如每月 20%）当成你的参考点，从而觉得把钱存在银行变成了"损失"，自然就容易跟进了。

结语：如果不能理解消费者真正的"现状"，不能感受到他们如何站在你的陌生产品面前，如何看待不确定的收益和立马要产生的成本，也就很难理解他们为什么迟疑不选择你的新产品。

回过头来看高中生不学习感觉很不解，但站在他们的角度：收益是不确定的（考上大学也不一定能找到好工作），而成本增加是显而易见的（需要付出努力）。你就会发现，都是这样。

如果看完本文，你只能记住一句话，应该是：请站在消费者的"现状"，尝试去理解他们的收益和损失。

被高估的用户忠诚度，被低估的终端影响力

作者简介： 益普索 (Ipsos) 是全球领先的市场研究集团，在六大研究领域为客户提供专业的洞察和服务：广告与品牌研究，客户满意度与忠诚度研究，营销研究，媒介研究，公共事务研究，以及调研管理服务。

"益"观点： 具有规模优势的快消业巨头如何控制好卖场终端，如何用5%～10%的广告预算将你的品牌影响力覆盖至终端，踢好这临门一脚？

品牌在电视和视频上花了90%的钱，企图建立认知度和忠诚度，但益普索的调研显示：顾客到了终端却仍然有较强的非计划性选择，对快消日化产品，平均36%的顾客对要购买的品类没有计划，43%的顾客对品牌没有计划。而对计划型购物者，他们考虑的品牌数较以往增多，购物者会在可选品牌范围内，在门店中做最终的品牌选择。于是，消费者最后多买了购物清单里没有要买的东西，或者临时改变了品牌选择，买了计划里没有打算买的品牌。

事实就是这么残酷，无论你如何努力，产出与投入不一定成正比。消费者是善变的，在充满各种诱惑的终端，随时都可能被别的品牌吸引、拐走，而且还是大概率事件。

问： 传统品牌什么地方花钱最多？

答： 当然是电视！

但看电视的人越来越少，时间越来越短，年纪越来越大，所以传统快消客户逐渐将预算从电视广告向视频广告转移。但传统快消行业如日化、食品、饮料行业中的巨头公司这二年几乎都陷入负增长，是总需求量下降了吗？

数据显示：不是。而是巨头们正在被电商、海淘、跨境等新通路瓜分，同时也在被各种国内外的中小型品牌瓜分。巨头大量广告所构成的用户品牌忠诚度也正在资讯过度、信息碎片化、粉尘化的时代开始逐渐瓦解。经济下行周期，各品牌都在思考如何将预算分配在刀刃上。

在电商渠道，例如淘宝就要抢占频道首页的广告、做直通车、抢坑位形成导

流能力。而在实体商超，可以利用卖场电视这样的传播平台，在消费者购买路径的全过程中多触点地唤醒消费者的品牌意识，巩固顾客的指名购买，放大品牌的音量，把整个卖场变成你的主场。例如，这几年你走进各大卖场，常会看到一些行业的领导品牌已率先抢占卖场电视上的品牌曝光："中国每 10 罐凉茶，7 罐加多宝""太太乐鸡精，中国销量遥遥领先""金龙鱼 1∶1∶1，冠军的选择"这些广告目的很简单，就是巩固品牌认知，抵制别的品牌侵入，强化从众心理，从而确保销售转化。

在促销常态化的今天，如何利用卖场电视即时传送促销信息，掀起促销风暴呢？例如蒙牛纯牛奶，利乐装只要 2 元；碧浪亮洁如新，2 公斤直降 7 元；强生婴儿湿巾新包装上市，买 3 包送 1 瓶沐浴露；脑白金里有金砖，千万红包人人抢。这对计划外购买及冲动型购物人群具有较强吸引力，给购买一个直接的刺激。

中小品类与中小品牌的快消品价格低，决策时间短，36% 的品类和 43% 的品牌是店内冲动购买。在卖场终端购物的最终时刻，临门一脚可谓是实现翻转的关键时点。中小品类与品牌只有数千万元营销预算，做电视、互联网推广无奈是杯水车薪，在信息泛滥的今天，没有准确的触达渠道，恐怕即使以亿计的广告投放，消费者也是无感的。

在十分有限的预算下，可以通过购买路径闭环的最后收口环节影响消费者的决策过程，预算越有限就越是要聚焦到购买人群上，聚焦到购买的场景中去影响他最后一刻的选择。中小品类与品牌更应该网口捞鱼，例如：

● 通过卖场电视全年反复进行品牌差异化卖点提示。如"澎澎沐浴露，男人用""防止牙龈出血，用云南白药牙膏"。

● 聚焦火力，全年持续传送同一信息来强化品牌。从而一举成为细分品类的代言者和领导者，例如"千年古方，养颜圣品龟苓膏"就是生和堂的代言者。

● 全程提示顾客购买，全场传送促销信息。在终端影响拦截和反转消费者，形成首次尝试或保留犹豫不决的老顾客。当年商超系化妆品行业中，美即面膜、相宜本草在品牌起步阶段，把每年两三千万元预算集中通过卖场电视配合特殊陈列与终端地堆，影响了用户的首次尝试，从而形成口碑，在面膜与草本化妆品类别中成为领先者。

终端是一个特定的购物场景，因为在终端消费者对每个产品的购买决策时间短，如果要叙述品牌故事以家中电视为主，而卖场是一场贴身厮杀，所以卖场电视的广告不是以打响品牌知名度为目的，它们的作用在于在终端形成品牌卖点和促销信息最简单、最有效的提示，不能隔靴搔痒，必须有的放矢，直击要害。那这临门一脚如何踢才真正有效？有三点很重要：

第一，方式。短平快、全程全场覆盖。卖场环境嘈杂，所以品牌 LOGO 应全程固定曝光，品牌外包装应反复突出呈现，品牌卖点和促销信息以大字幕显示。卖场内消费者在流动，收视时间匆忙，所以卖场电视广告以秒数短、频次高的全程全场覆盖为好。

第二，内容。在卖场的环境给消费者创造一个购买的理由。从创意上应该考虑在卖场的购物场景中如何给用户一个强有力的购买理由和购买激励。卖场电视在特定场景下广告内容应该在电视广告的内容基础上进行对应修改：例如，思念食品电视广告是"皮薄嫩，味道鲜美，精选上等鲜鱼、新鲜蔬菜，一口不过瘾，思念食品，创造家的味道"。在卖场广告可以是："老公总是晚回家，备点思念水饺等着他；孩子下课晚回家，备点思念水饺慰劳他"；或者是"思念大包装，加量不加价，全家共分享"。

第三，周期。全年持续化广告效果相对更好。益普索的调查显示，消费者平均每月逛卖场的次数为 4.1 次，每次停留时间为 49 分钟，因此对于大品牌的终端品牌提示广告采用全年持续化广告效果相对更好，即每个卖场每天花费 30 元全程反复提示顾客购买，全场即时告知促销信息，有效提升在终端对顾客的影响力。同时，当前地面促销人员的成本居高不下，往往占公司营收的 10%，365 天全年无休的卖场电视可替代部分低效的地面促销人员，降低营运成本。而对于季节性较强的产品或促销型产品可以用高频次、风暴式的投放，在短时间内形成密集接触。

营销之根——品牌

品牌广告究竟如何表达

作者简介：宇见（微信公众号：yujianyingxiao），专注于以独立视角，写真实的营销洞察，由营销爱好者王宇运营。同步有宇见营销俱乐部，是宇见和朋友们交流营销实践的平台。

无论是新创品牌，还是既有品牌，品牌主做广告一般需要考虑三点：向谁说？在哪说？说什么？围绕着这三点的执行被称为"策略"。然而在此之前，还是让我们再来耐心地探究一下，这三点背后的动机是什么？

品牌为什么需要做广告？只有两个理由——要么让人"买"，要么让人"爱"。

没有买的"爱"，不是真爱；没有爱的"买"，无法持久。如果你做得很好，又够幸运，让"买"带来更多爱，让"爱"促进更多买，如此一来二去，就容易与用户建立起一种牢靠的关系。除此之外，我们实在找不出第三个品牌为什么要去做广告的理由。

接下来的一个问题是：让人购买或者喜爱的根本方法是什么？那就是你能给出一个独特的理由，或者说，你能让人感知到你的不同。

基于此，我们大体能够推导出——广告的本质在于构建差异化。它体现在：

第一，在产品具有实质差异化的前提下表现差异化；

第二，在产品没有实质差异化的情况下创造差异化。

企业打广告的意思是：通过表达，在用户心智中植入一个有差异化的认知焦点。

这对大多数既有品牌来说，是一个很大的挑战。想保持在用户心智中有一个焦点并不容易，由于技术的进步和竞争的加剧，"失焦"在相互倾轧的红海领域是品牌最容易碰到的问题。

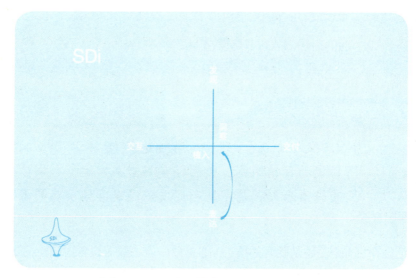

（注：SDi——将品牌价值植入用户心智。）

M&M's 巧克力豆是一个广为人知的品牌。该品牌早年的广告由与奥格威同时代的广告大师罗瑟·瑞夫斯打造。M&M's 是第一个使用了"糖衣"包裹的巧克力，瑞夫斯围绕这一差异化所创作的广告简洁有力——电视上有两只手，一只脏手，一只干净手，台词：现在猜猜 M&M's 巧克力在哪只手？不是脏手，而是那只干净手。

随着"只溶在口，不溶在手"的广告语风靡一时，M&M's 巧克力豆也开始闻名于世。

现在 M&M's 怎么样了？由于糖衣技术在食品、药品等众多领域的普及，消费者也早已不再对其感到新鲜，品牌在用户心智中面临着核心价值减损和"失焦"的风险。这时候，该品牌开始尝试重新在消费者心智中建立焦点。

M&M's 希望将品牌定位成一种有"趣味人格"的巧克力，并提出了"妙趣挡不住"的口号。"快到我碗里来"的广告最先承接了这一认知构建的重任。现在这种策略成功了吗？

一开始遇到了不少麻烦，很多用户抓不住这个广告想要传达的信息，进而牢骚满腹。好在品牌选择了坚持，通过一而再、再而三的个性赋予和创意联想（红豆负责自负搞怪，黄豆负责忠诚憨厚；最近的一个版本是：那是他们的购物单），"妙趣挡不住"的定位也逐渐在用户心中生根发芽。不过，M&M's 其实还能做得更好。

　　来对比一下"M&M's"和"士力架"这两个品牌有什么不同？它们的广告都使用了极具娱乐性的表达方式，看起来"差不多"的广告，但效果却绝不相同。

　　士力架的广告是通过娱乐化的表达方式，打造一个能涵盖功能与情感两方面价值的认知焦点。从功能上是"横扫饥饿"，从情感上是"做回自己"。士力架在巧克力市场"做回自己"之际，正是脉动在功能型饮料市场"脉动回来"之时，两者的底层逻辑完全一致，这类焦点要比从单一方面构建出来的焦点更加有力。相比之下，M&M's 的广告弱就弱在"妙趣挡不住"这个焦点并没有包含对该品牌功能价值的认知。

　　品牌如人，在用户心智中构建的焦点，最好能够同时包含理性与感性、功能与情感。只有情感没有功能，容易让人"爱而不买"。比如，台湾大众银行的广告"不老骑士"感人至深，但看完你会想把钱存进大众银行吗？它缺乏功能价值上的有力支撑。

　　相反，广告只有功能没有情感，则容易沦为"夜壶"品牌。像是电影《古惑仔》里的台词："需要的时候拿来一用，用完后一脚踢到一边。""夜壶"品牌最大的问题是用户"买而不爱"，在大多数情况下只是"不得不用"，当他们发现其他更好的选择时，就会巴不得"弃之而后快"。

　　逻辑与情感是进入用户心智的两条路径——前者说服，后者打动；它们分别是关于"动脑"和"动心"。

　　传统定位理论以用户心智为核心，强调"逻辑"上的认知构建，通俗地说就是善于替消费者做"证明题"，像是"困了累了喝红牛""怕上火喝王老吉"等等。我们从 SDi 的观念出发则认为：用户对品牌的认知其实不局限于逻辑上的"认知"，更包含了情感体验上的"感知"。品牌不仅要学会做眼下的"证明题"，也要学会去看"诗和远方"，对这类"知"，传统定位所涉不多。

　　红牛在这方面做得比较到位。"你的能量超乎你想象"不仅贯穿到了"功能型饮料"的功能价值（补充能量），也附加了明确的情感价值，更酷、更有吸附力和感召力。品牌学会让理性与感性伴随，将功能与情感融合才能更好地征服人心，否则就像美剧《纸牌屋》里所说的——"将这两者分开，力量将小很多"。

在不同阶段，品牌广告应该更偏向于功能诉求还是情感诉求？这完全取决于前述的本质——如何构建差异化。

广告要去表达品牌价值在当下的唯一性。在功能价值无法建立差异化的情况下植入情感，在情感体验无法构建差异化的情况下凸显功能。

以汽车行业为例，如果你是一个新品类开创者，就需要更多强调功能。特斯拉首先需要从"电动汽车"的认知构建开始，再逐渐引入情感表达（极客、创新与环保）。相反，在竞争充分的成熟市场想要逆袭的最佳选择，是率先提出并主张一种独特的情感价值，然后再自上而下，向功能方向寻求支撑。英菲尼迪在奥迪、奔驰、宝马等豪车品牌的重压之下，近三年来通过"敢·爱"营销取得的销售猛增就是一个相当成功的应用典型。**品牌的选择，是完全从"需求原理"角度，对消费者在什么时期、什么品类、什么场景、什么状态下会对什么价值更加敏感的精微把握。**

构建自己的差异化才最重要，这意味着——**品牌一定不能去"玩别人擅长的游戏"，而应该专注于自己所长。**这一点知易行难，尤其是当行业竞争杀红了眼的时候，去模仿别人的表达就成了一种常见的错误。

比如，在安全套领域，杜蕾斯是首个主张"性趣"的品牌，将大胆、出位、怪诞的趣味表达作为构建差异化的首要策略。这时候，其他品牌纷纷跟进学习，编段子，出海报，忙得不亦乐乎。结果怎样？越多的品牌这样做，就越巩固了用户对杜蕾斯这一品牌的认知。

面对老师提问，那些争着去给学习成绩第一名的同学做"补充说明"的孩子，他们的回答给你留下了什么深刻印象？

不能成为第一，最好先将自己定义成"唯一"。在这方面，儿童智能手表市场的几个主导品牌做得不错。

2014 年，随着儿童智能手表市场的火热，该领域也开始广受关注。其中，360 儿童卫士和糖猫儿童手表（搜狐）作为互联网品牌对这一领域的关注最早，大约在 2013 年就已经开始动手筹备。

360 儿童卫士坚持"防丢神器"，主打"儿童安全"的定位，与其品牌基因十分契合，利用既有的品牌认知优势，迅速抢占了"儿童安全手表"这一认知高点，这种先发优势在品类发展早期对 360 非常有利。

小天才（步步高）品牌在 2015 年上演了对儿童手表市场的颠覆与逆袭，该品牌深谙"不玩对手擅长游戏"的原则，断然放弃了在"安全"概念下与对手的缠斗，而是通过心智聚焦，将儿童智能手表包括定位、对讲、游戏、闹钟、蓝牙、连接等复杂功能在传播端统统舍弃，只强化一点——"能打电话的手表"。反复强调一个异常简单的核心价值——"一个电话马上找到你"。

通过数千万量级的广告投放和单点穿透的表达技巧，该品牌一举后来居上，成为儿童手表市场的销量领跑者。小天才在"儿童智能手表"的认知之外，创建了"儿童电话手表"这个与之并列的"一级类目"，并牢牢占据了"品类第一"的位置，在用户脑海中重新改写了对儿童手表价值的评判标准。这就是"不成为第一"，就"先成为唯一，再成为第一"的策略应用。由此可见，小天才逆袭的本质不在产品，而是打赢了抢占用户心智认知的营销战。

面对小天才的市场重压与不利局面，互联网品牌糖猫使用的策略又与众不同。该品牌在 2015 年最成功的营销举动，是扭转了一味"流量导入电商，数据分析转化"的思维定式，而转为重视在用户心智中建立差异化认知。该品牌在岁末年初启动了大规模的电梯电视、电梯海报广告，持续 8 周横跨 33 个城市。同样，糖猫很好地考虑了"差异化"要素，没有去纠缠是"安全"还是"通话"，而是切合岁末年初的场景提出——"让孩子尖叫的新年礼物"。

这一策略奏效了吗？最近我与该品牌的一位朋友交流，得到的信息是，通过这一轮广告投放，糖猫儿童手表销量直翻数倍，随后展开的渠道调查也反映出对该品牌的认知度和"第一提及率"有了非常显著的提升。

现在，像"小天才"这样的传统品牌居然能够在一些细分市场实现对互联网品牌的逆袭，这或许会让有"创新优越感"的互联网从业者汗颜，但也不必对此太过奇怪。互联网思维、产品至上、用户体验至上、精益创业这些提法都没有错，但前提是企业能够准确地理解营销。

比如，360 儿童卫士在早期曾送出大量产品，是典型的通过体验抢占用户，催生口碑，获得足够"流量"，再去考虑商业化的互联网思维，但基础前提是，需要让用户对产品的价值有准确的认知，有足够的期待。如果这个品牌故事讲不好，这种认知构建得不足，即便是海量的免费派送也无法激发市场的良好反馈。

有朋友送过我一个某品牌的智能手环，到今天未拆卸的外盒上已满是灰尘，我还是不觉得有一个足够清晰的理由来使用它。导致此问题的原因，恰恰是互联网品牌"重产品"而"轻认知"的结果。

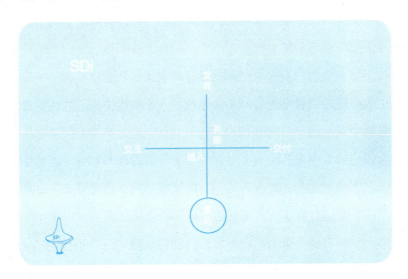

当我们说广告是一种"表达"，我们说的是，广告通过差异化的价值"表现"，情绪化的态度"表露"，人格化的诚意"表示"，来"传情达意"，来"触达"消费者。"表"和"达"是广告的两个重要侧面，差异化是对"表"的要求，"到达性"是对"达"的要求。"表而不达"与"达而不表"的广告都不是好广告。

今日头条的广告是"达而不表"，广告的媒介组合十分强大，触达用户的能力很强，但它没有围绕品牌的差异化去构建认知，这种做法，无法将广告带到用户关闭广告后的真实生活中继续与之沟通。换言之，无论从功能上还是情感上，广告没有在用户心中种下什么种子。

除非我们能从该品牌后继策略上证明，今日头条有意在当前品类上尝试与杜蕾斯或者M&M's相似的定位，将趣味性植根于品牌自我价值当中，否则这样的广告策略就很值得商榷。

与"达而不表"相比，广告"表而不达"的错误更加普遍，这类错误表现在：企业不敢于或者无法通过正确的媒介策略将自己的差异化迅速触达足够多的用户。

新创一个品牌，诚如某 CEO 所言，是置身于一场冲锋战，谁能抢先冲上山头，就能端起机枪横扫对手，就取得了关键性的先发优势。这个山头，这种冲锋，是在用户心智中发起的冲锋。

回到前述的儿童手表糖猫品牌，我询问塑造该品牌的一位朋友，为什么不更多地去选择自媒体大 V 的方式传播？这位朋友坦言，当我们想要在"儿童"内容领域选出更多大 V 触达更多用户的时候，已经选不出太多，同时较难评估他们覆盖用户的重合度，以致于这样的投放很可能会失去性价比。

换言之，网红大 V 也好，Social（社会化）传播或品牌自媒体也罢，由于搭建、勾连这个组合的"速度慢"，也由于它们较弱的"可达性"，更多是一种在品牌认知优势业已确立的前提下的长尾、常态巩固策略，而很难成为构建品牌认知优势的先导、奇袭策略。像电梯媒体这类广告具有较强的可达性，能够将品牌信息基于地理位置均匀地触达到市场中的每一个角落，这种基于位置服务的"匀称性"和较强的"可达性"使得品牌借此发动改写用户认知的战略奇袭更有保障。

现在，类似瓜子二手车、饿了么、神州专车、糖猫等大量互联网品牌会将分众视为广告投放第一站，其原因正在于此，在于他们知道品牌必须用最快的速度，在最大范围内抢先进入消费者心智，从而让自己成为一个新品类的"开创者"，从而具备某种"唯一性"。相对于此，那些比自己速度稍慢，到达用户范围稍小的品牌，为了达到这一点则要付出更多的预算和更旷日持久的努力。

今天对很多新创品牌而言，你将产品做到天衣无缝并没有用，除非能率先进入用户心智，否则一切就很可能毫无意义。这是我们说广告追求"先声夺人"的重要原因。

那么，在移动互联网环境下做广告，如何提升广告的可达性？

那就需要提高广告中的价值交付系数。

由于移动互联网的传播环境是一个以用户为中心的驱动模型，因此，广告的"精准"在一个极度"粉尘化"的生态环境下就没有太大意义。"精准"信息无法获得大面积传播，在移动互联网环境下，品牌并不十分明确自己的沟通对象，这也并不重要。因为，品牌在移动互联网上所寻找的不仅仅是所谓的产品的目标用户，而更应该包括品牌价值观的消费者。

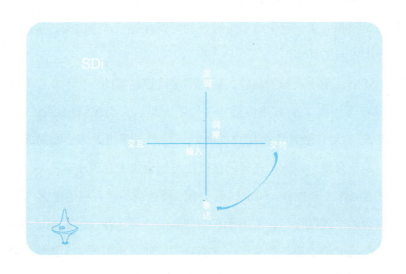

　　内容化、娱乐化、观念化、故事化是移动互联网广告提升价值交付系数的方法，企业在移动互联网上的广告应侧重于品牌的情感精神价值，而相对弱化功能诉求的表达，理由仅仅在于：你要思考如何让更多普通人在你的广告中收获高价值的信息，学到东西、领略感悟或者得到某种情感上的共鸣，进而激发交互，而不是用只对少数人奏效的信息去骚扰这个生态环境中的大多数人，令人讨厌。

　　NewBalance 的"致匠心"广告是对这一趋势的心领神会。这是一个帮助品牌思考在移动互联生态下提升价值交付系数的、具有里程碑意义的作品。

　　"我们不会写鲍勃·迪伦的歌或者汤姆·斯托帕德的戏剧。我们试图用我们仅有的天分去表达我们深层的感受。"乔布斯这句话容易让人想起苹果早年间的产品，也容易让人联想起"非同凡想"广告中对品牌价值观的表达。

　　能够从单一的功能诉求上升到情感价值观表达，这不仅仅是广告价值交付系数的提升，也是一个品牌内心强大和真正走向成长的有力见证。

跟大品牌学营销，为何越学越糟糕？

作者简介：李叫兽，本名李靖，李叫兽公司创始人，清华大学管理硕士，微信公众号"李叫兽"唯一作者，多家互联网公司的营销顾问。擅长制造互联网营销工具和方法论，用策略性的内容去影响大众，并给予大众启发性的思考。

"一个很奇怪的现象是，我们很喜欢学习别人成功后做的事情，而不喜欢学习别人当年是怎么成功的。"品牌营销也是这样，很多初创品牌喜欢整日研究已经成功的大品牌到底又做了什么互动营销、社会化传播和感人创意，却不怎么研究它们当年是怎么成功的。

看下面这个案例，想想你的第一感觉：

我想大部分读者可能跟我一样，感觉这个广告"怪怪的"，即使它看起来很有创意（利用了反差感）。

为什么会这样呢？

"坚持中国文化"，按理说是一个很好的精神诉求，至少能够感动一部分拥有民族自尊心的人，可为什么放在这个广告里就感觉怪怪的呢？ 一个很重要的原因就是：你不认识"六贤记"，但它却用了跟大品牌一样的营销策略。

如果我们把相同的广告创意，换成一个认知明确的大品牌，这种创意的异样感就会减少一些：

英国脱欧
英镑下跌
首相辞职
……
我的朋友圈也炸开了锅
但我不关心英国

同仁堂
347年真材实料
专注为中国人做好药

为什么会这样呢？ 一句话：六贤记在没有建立"基础联想"之前，就尝试建立"附加联想"。"基础联想"是帮助用户大脑归类并建立认知的必要信息。比如一个消费者看到"同仁堂"三个字，就能瞬间联想到它是做什么的（卖药），也知道它的特点（真材实料的中药），也知道我们为什么、什么时候买它。 这就说明用户已经对"同仁堂"建立了基础联想。

但大部分用户看到"六贤记"这三个字，大脑就空无一物，对他们来说，"六贤记"这三个字跟"X#KF*NA"这样的乱码一样，不代表什么。 这就说明没有建立基础联想。

"附加联想"是在用户基础联想以外，用来丰富内涵、提高好感的联想。

比如已经建立基础联想的同仁堂，通过"民族精神""专注精神""乐于公益""社会责任"等各种形象塑造的营销创意，引来关注，就是不断增加品牌的"附加联想"，自然能够让人回想起"同仁堂"所代表的购买理由（比如真材实料的中药）。

六贤记则不行，在读者面前没有基础联想，单纯的附加联想就觉得怪怪的。

再比如想到可口可乐，除了知道"可乐第一品牌，最正宗的可乐"这个"基础联想"之外，还能想到它是美国文化的代表，能想到蕴含追求"欢乐开怀"的精神，能想到体现的民主精神（总统喝的可乐和平民喝的是一样的）。后面这些都是"附加联想"，它们和产品本身无关，但是可以丰富品牌内涵，拉近消费者

距离。

如果你观察很多大品牌的营销，就会发现它们常以"附加联想"方面的营销为主，比如护舒宝的某个 TVC（电视广告影片）倡导女性独立的精神，可口可乐为迪拜工人做"瓶盖打电话"的活动来塑造社会责任感，等等。

这是因为这些大品牌往往已经建立了稳固的"基础联想"（没有人会问可乐是什么东西，以及可口可乐是否正宗这样的问题），这时候再通过"附加联想"进行品牌形象提升，自然有效。

而很多初创品牌常犯的营销错误就在于：在没有建立"基础联想"的时候，就模仿学习成功后的大品牌，把很大的营销精力放在建立"附加联想"之上。

比如十几年前，健力宝推出了新的饮料"第五季"，整个营销、广告风格参考可口可乐、苹果这样的成熟品牌，结果让人看了不知所云。

整个广告就是一群年轻人热爱第五季饮料并且快乐地热舞，给人塑造一种潮流、时尚的感觉（让我想起了知名的 iPod 广告）。

广告很精彩很吸引人，但是并没有清楚地给消费者一个理由："我为什么要喝第五季饮料而不喝别的？"（这个是"基础联想"。）

如果你是这个广告的设计者，此刻你肯定会辩解：既然可口可乐这样做很成功，作为行业新人，为什么不能学习这样伟大的前辈？

不是说你不能学习可口可乐这样的伟大前辈，成功者我们当然要学习。而是说：你应该学习可口可乐成功前做的事情，而不是学习可口可乐成功后做的事情。

那么可口可乐成功前是怎么做的呢？ 如果我们回到 20 世纪初，当时美国正在做禁酒运动，可口可乐抓住机会，打的广告是："伟大国家的无酒精饮料"——响应新的社会风气，主打无酒精饮料这一空白，同时强调"美味提神"这一利益（酒精并不提神，反而更昏沉）。

当时为了切入市场，可口可乐主打的是"基础联想"，让大家对"什么是可乐"及"为什么要喝可乐"这样最基本的问题建立认知。

为什么不学习这一点呢？这就是一个典型的学习失误：我们特别喜欢模仿成功者成功以后做的事情，而丝毫不关心他们当年是如何取得成功的。

我们喜欢说"乔布斯对客户一向很强势"，从而不尊重客户，但是却忽略了：

这是乔布斯成功后的特权，而不是导致他当年成功的原因（当年乔布斯也是挨门挨户地推销产品）。

我们喜欢说"比尔·盖茨当年辍学创业，我现在也应该这样"，但是却忽略了：辍学是比尔·盖茨取得初步创业成功后的特权，而不是导致他初步成功的原因。

我还看到很多创业公司的营销人员，每天拼命地刷着各种"创意库""最新案例"，并且听杜蕾斯、宝马的营销经理分享最新的创意案例。

有这个时间，却不去研究：80 年前的杜蕾斯、30 年前的戴尔、半个世纪前的宝马……

这就是很多创业品牌学大品牌做营销，却总也学不会的重要原因：你学习的是成功后的它们，而不是学习它们当年怎么成功的。 就像学习成功后的马云去云游四方、到处演讲，永远也不可能成为马云一样。

对于品牌营销，为什么有这么大的不同？为什么我们学习成功品牌的营销，看戛纳广告奖创意，经常不成功？

这是因为：建立一个记忆所需要的技巧，和强化并丰富一个记忆所需要的技巧，很多是不一样的。 就像一个陌生人，自我介绍时应该做的事情，和一个熟人为了提升在朋友面前的形象要做的事情，是两回事。

在初期"自我介绍"并建立认知的时候，主要是需要让别人能够对你产生"基础联想"，如果你的名字叫"王二狗"，那么一开始的目的就是让对方看到这三个字后能够大体建立对你这个人的概念。

比如知道你的年龄、性别、职业、大致社会阶层、家乡籍贯、我为什么要认识你的理由（比如你来求合作）等。

这个时候，我们说"王二狗"在对方的大脑中，已经占据了一个位置。

然后，等你们变成了"熟人、朋友"，你所提供的"附加联想"才有意义——某一天你换了一个新包，对方会觉得你很时尚；某天你升职了，对方会祝贺你升职。

而如果没有事先建立上面的"基础联想"，所有的"附加联想"就变得毫无意义——你走在街上，听到有人自言自语说自己升职了或者看到有人背了新潮的包包，你会记得这个人吗？当然不会，因为这部分记忆在你的大脑中根本没有存储位置。

对品牌营销来说，也是这样——在建立必要的"基础联想"之前，学习大品牌增加"附加联想"，并且期望通过这些精神来打动用户，几乎没有效果。

认识一个人，需要有必要的身份、年龄、性别、职业等"基础联想"。那对品牌来说，有哪些必要的基础联想呢？一般来说，新品牌新产品，必须在这些方面建立基本的认知，其他的营销才有意义：

第一，归类：它会占据我购买什么产品的预算？

第二，购买理由：我为什么选择这个产品？

第三，产品使用方式：我如何使用这个产品？

第四，基础信任：我为什么相信你说的？

下面逐条详细解析：

1. 归类：它会占据我购买什么产品的预算

实际上，我们看到任何一种事物，都会先对它进行归类。比如在房间里，看到四条腿并带一个木头平面的东西，我们一瞬间就会认为它是一把椅子，是用来坐的。

所以，任何新产品、新品牌建立"基础联想"的第一任务，就是先在用户的大脑中拥有一个"类别"。

这样的"类别"，暗示了一个消费者希望通过产品达到的目的，也就知道它需要占据自己哪块时间和哪块购物预算。比如几年前的蘑菇街APP，对外介绍就是一个不清不明的"我的买手街"，而"买手街"在大众认知中，是一个根本不存在的类别，这就让陌生用户很难知道自己为什么要用蘑菇街，以及自己什么时间应该用蘑菇街。

如果蘑菇街是一个"购物分享社区"，这意味着我来看看哪些达人都在买些什么，打发下时间，顺便可能会发现一些好玩的商品或者交到朋友。这样它帮我完成的任务和微信、网易新闻差不多。

如果蘑菇街是一个"导购平台"，这意味着我想买东西的时候来看看什么值得购买，我会要求它更加客观、中立并且懂行。这样它帮我完成的任务跟百度、问朋友及评测网站差不多。

如果蘑菇街是一个"品牌电商"，这意味着我来这里是为了买东西，我会要求它商品丰富、质优价廉、物流速度快。这样它帮我完成的任务跟唯品会、天猫和京东差不多。

当用户对产品的归类不同，自然所有的消费行为也不一样。

比如当年消费者把阿胶归类成"女性补血用品"，消费量有限而且认为这类东西本身不应该很贵，因此价格80元一斤。后来通过营销，消费者把它归类成"人参、鹿茸这样的滋补品"，销售量提升，而且价格也上涨了。

总之，任何一个新品牌，在建立"基础联想"的时候，要先回答的问题就是：我想让用户把我的产品归类成什么？到底占据了用户的什么时间和什么预算？

做营销我们经常强调"差异化"，但是实际上，在诉求差异化的特点之前，应该先寻找"共性"，在用户的大脑中被分类到了某一个已经存在的归类中。

2. 购买理由：我为什么选择这个产品

如果说"归类"是创建了共性，那么"选择理由"就是建立差异化。

"好了，我知道你是用来听歌的音响（归类），那么为什么放着这么多音响不选，要选你这个智能的？"

回答这个问题的答案，就是我们说的"选择理由"。

如果只有归类，而没有选择理由，也相当于没有建立完善的"基础联想"。就像前面讲过的"第五季"饮料的广告一样，我们所有人都知道这是用来喝的饮料，广告也很好看，可是我为什么要选择你呢？

当没有解决这个问题的时候，单纯增加大量的"附加联想"，几乎毫无意义。

再比如，在我入行营销之前，就看过一个让我感动不已、惊叹叫绝的广告：大众银行的广告。广告中讲了几个台湾80岁的老爷爷，为了年轻时的梦想，重新开始训练，最终骑摩托车环岛来祭奠青春的故事。

但现在来看，这是一个100分的内容，却可能不是一个优秀的广告。（注：内容与广告是有区别的，好的内容标准是引起共鸣、吸引读者、充满创意等，好的广告标准是解决了什么营销问题。）

马来西亚的大众银行，比起花旗、汇丰等巨头本身处于劣势，这个时候最关键的应该是提供一个"选择大众银行的理由"（比如"服务更好""速度更快"等），建立完善的"品牌基础联想"，然后再考虑是不是通过"附加联想"来提升形象。而当这个"选择大众银行而不是花旗"的理由没有植入用户心智，增加大量的感动也很难引起购买。

所以，如果你的品牌并没有完整的"基础联想"，就不要花费巨大精力去做那些单纯增加"附加联想"的事情。

这并不是说感动这样的附加联想没有意义。如果品牌已经有了坚实的"基础联想"，用户知道为什么选择你，那么只要增加曝光、感动等，用户就容易重新想到这个理由，从而触发购买。

比如我已经知道"怕上火喝加多宝"，并且相信了这一点，这个时候，加多宝已经在我的内心有了完整的"基础联想"，然后它做公益营销视频，鼓励中国人拥有"独立之精神、自由之思想"，我深受感动，同时看到了"加多宝"三个字，也根据这几个字联想起了"怕上火"等选择理由。然后下次再吃火锅的时候，就更容易想起喝两罐加多宝。

再比如下面两个完全一样，主打"附加联想"（写一段让人感动的话）的广告，如果做测试，肯定是携程的转化率高。

生活不止眼前的苟且 还有诗和远方 携程	生活不止眼前的苟且 还有诗和远方 三棵树旅游

两个品牌都完成了"建立归类"的工作（后者是我杜撰的品牌，你也知道它是旅游平台），然后都做了一样的文案，但为什么我判断前者转化率高？因为"携程"这两个字自带选择理由——看到"携程"，你就会回想起来"这是最大的在线旅游平台"，当你想到这个选择理由，将来自然会提高购买率。

而看到三棵树旅游公司，你虽然知道它是旅游公司，但脑海中想不起任何选择理由，所以不论对上面的话感动多少次，都很难真正购买。所以，如果三棵树公司（虽然它不存在）学习携程的套路做营销，估计就是等死吧。

3. 产品使用方式：我如何使用这个产品

在智能时代到来之前，有个很创新的电视辅助产品叫作 Tivo，强调"在你最方便的时候，看你最想看的"。

如果仅仅这样说的话，虽然给了一个选择理由（"方便自由"），但用户根本无法想象自己接下来使用产品的情形，也就很难销售。这是因为：所有人都对未知感到恐惧，如果别人无法想象自己做出某种行动之后的情景，可能就不会做出这种行动。所以品牌必须要建立的一个基础联想就是：能够让人看到你的名字，想象到自己使用产品的过程。

当时 Tivo 的 CEO 拉姆齐多次自豪地说："98% 的使用者表示，自己一旦用上，就无法离开 Tivo 了"，但这丝毫遮盖不了 Tivo 获取新用户的困难，并且最终失败的现实结果。

如果这样，让用户能够想到自己使用后的情形，情况可能就会好一些：

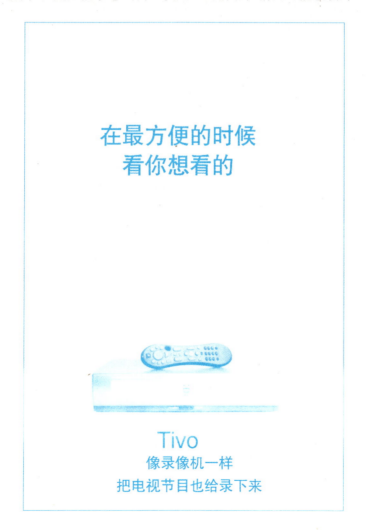

在最方便的时候
看你想看的

Tivo
像录像机一样
把电视节目也给录下来

人是一个对"预期"很敏感的动物，所以你的产品必须能让人顺利建立预期。

之前我还看过一个研究，讲人脑和计算机最大的区别是什么，科学家发现最大的区别并不是"创造力""思维"等能力，而是对未来的感知能力。

同样是做一道算术题，如果人知道明天自己被处死和知道明天活得好好的，做题的效率是不一样的。而对计算机来说，不论多么先进的人工智能，知道明天自己会被砸得稀巴烂之后，今天的计算不会受到影响。

所以，只要你的产品是对人销售的，就必须建立他对未来的感知。让他感觉到自己会如何使用产品。

4. 基础信任：我为什么相信你说的

一个让很多营销人难以接受的现实是："你承诺我放心"的黄金营销时代，早就一去不复返了。在激烈竞争的市场中，你说的话如果不能在第一直觉上被信任，就相当于没有说。所以，对新品牌来说，"最基础的信任"是一个必要的"基本联想"。

之前李叫兽讲过一个海鲜外卖公司，一个重要的卖点是"新鲜"，为了阐述这个卖点，有人提出的方案是告诉消费者："我们是活海鲜做的，而很多海鲜店虽然看起来是活的，但经常拿冷冻海鲜来做。"

为什么我判断这样完全不靠谱呢？因为没有人会对这个卖点建立信任——没有一家海鲜店愿意承认自己是死海鲜，而且消费者也没有直接观测到证据（相反，他们看到了鱼缸中的鱼），你凭什么说就你新鲜？

是啊，所有人都在说自己新鲜，你凭什么说自己比别人新鲜？是因为"更新鲜"这个词吗？

如果一个新品牌，有了归类，有了选择理由，用户也能想到自己如何使用，但就是无法对你的承诺建立信任，也无法建立完整的"基础联想"。

那么如何建立信任呢？篇幅所限，讲几个简单技巧：

（1）如果你占据的是"空位"，用户更容易信任

比如上面的海鲜外卖公司，为了突出新鲜，如果强调"没有进过鱼缸的海鲜"（它是直接在海边加工的），就更容易建立信任。因为用户在海鲜店总能看到鱼

缸，"没进过鱼缸的海鲜"是一个别人不强调的"空位"。

（2）如果称赞有损自己利益的产品，这一产品更容易获得用户信任

比如推广照顾儿童的机器人，结果在广告中保姆站出来说"它确实照顾得有耐心"，就更容易建立信任。因为这种机器人本质上抢了保姆的工作，伤害了她们的利益，而我们潜意识觉得"称赞伤害自己利益的人，一般不是骗子"。

（3）如果叙述某个具体过程，而不是抽象结果，用户更容易信任

比如地产广告，"出门后，我在第20棵树上做了标记"，远远比"高绿化率小区"更容易获得信任。因为人们更容易相信自己容易验证的事实。（其他 N 个建立信任的方法，以后文章会专门分析，这里不详述了。）

总之，如果你的信息没有被直接信任，就不算建立了"基础联想"。

结语：大品牌有很多可学之处，比如积极跟消费者沟通、维护优势的舆论等，但我们更应该学习大品牌当年是如何成功的，而不是学习大品牌成功后做了什么。

一个别人根本不认识的初创品牌，在没有建立基础联想的情况下，就开始模仿已经拥有完整基础联想的大品牌去做"附加联想"，去感动消费者、形象包装等，往往缺乏效果。

因为与一个陌生人建立认识所用的方法，和熟人提升形象所用的方法，往往有很大的不同。

说明：跟大品牌学习营销不一定会失败，本文只是建议：不要盲目模仿成功后的品牌，而要多学习它们当年的成功经验。

营销之路——传播

为什么你会写自嗨型文案——X 型文案与 Y 型文案

作者简介： 李叫兽，本名李靖，李叫兽公司创始人，清华大学管理硕士，微信公众号"李叫兽"唯一作者，多家互联网公司的营销顾问。擅长制造互联网营销工具和方法论，用策略性的内容去影响大众，并给予大众启发性的思考。

X型文案与Y型文案

在互联网产品文案的写作中，有两种文案人，一种是 X 型文案人，另一种是 Y 型文案人。什么是 X 型文案人和 Y 型文案人呢？先做一个小测试。

下面是一些产品的具体描述，请为这些描述写文案。

某耳机厂商：	耳机音质好
某笔记本厂商：	笔记本噪音低
某旅行社：	工作辛苦， 不如旅行
某文案外包公司：	帮你写顶尖文案

其中有一些人的写法是这样的，而这就是我所说的 X 型文案。

它们文字华丽，把本来平实无华的表达写得更加有修辞、对仗等等。比如把"音质好"这个简单的表达写成"声声震撼，激发梦想"。而这样写文案的人就是 X 型文案人，他们更像语言学家、修辞学家和诗人，他们的日常工作就是想创意、查词典和构思修辞，以想办法用华丽的表达来描述产品。

但是还有另外完全不同的写法，我们称之为"Y 型文案"。

X型文案写法	← →	Y型文案写法
声声震撼，激发梦想	耳机音质好	犹如置身音乐会现场
创享极致，静心由我	笔记本噪音低	闭上眼睛，感觉不到电脑开机
乐享生活，畅意人生	工作辛苦，不如旅行	你写PPT时，阿拉斯加的鳕鱼正跃出水面……
创想文字，助力登封	帮你写顶尖文案	专做刷屏级文案

Y 型文案往往并不华丽，有时甚至只不过是简单地描绘出用户心中的情景，它们往往充满画面感、语言简单、直指利益。

同样是表达"工作辛苦，不如去旅行"，X 型文案会说"乐享生活，畅意人生"，而 Y 型文案则可能说："你写 PPT 时，阿拉斯加的鳕鱼正跃出水面；你看报表时，梅里雪山的金丝猴刚好爬上树尖；你挤进地铁时，西藏的山鹰一直云端盘旋；你在会议中吵架时，尼泊尔的背包客一起端起酒杯坐在火堆旁。有一些穿高跟鞋走不到的路，有一些喷着香水闻不到的空气，有一些在写字楼里永远遇不见的人。"（摘自某互联网段子。）

而这样写的人就是"Y 型文案人"，他们不太擅长华丽的修辞，但却花费大量的时间去了解用户想的是什么，想要用最简单直白的语言来影响用户的感受。

他们可能不太懂语言学、修辞学，也不会押韵、双关和大量的修辞，但是他们用了更多的时间去学习心理学、营销学和企业战略。

然后，当企业想找人写文案的时候，总会面临 X 型文案和 Y 型文案的选择。但是不幸的是，大部分时候，企业选择了 X 型文案，而不是 Y 型文案。

而今天我们要说的就是：为什么要选 Y 型文案？

首先，出一个小问题：当你设计一款电灯泡的时候，你会怎么设计呢？

一般情况下，人们首先开始发挥创意：

灯泡可以大一点或者小一点；

可以亮一点或者暗一点；

可以颜色变成绿色的；

可以……

但是如果你就这么发挥设计灯泡的创意，永远设计不出优秀的灯泡，因为你仍然在针对灯泡本身发挥创意。

那么真正伟大的设计师怎么做呢？无印良品的首席设计师原研哉曾经说过：

"我做的是光线的设计，而不是产生这些光线的照明器材的设计。"

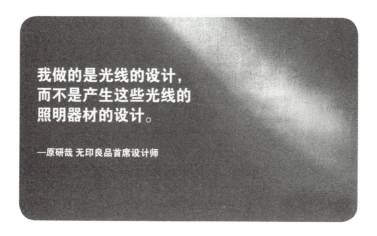

同样，文案也是如此。我认为：文案是关于用户感受的设计，而不是创造这些感受的文字的设计。

追求华丽的 X 型文案做的就是"文字的设计"，他们考虑的是如何让文字本身更加华丽、更加对仗工整，从来不考虑在用户的感受中，什么样的表达更加容易被接受和理解。

Y 型文案做的就是"用户感受的设计"，而不是"创造这些感受的文字的设计"。设计文案的人员并不是针对文字本身发挥创意，而是考虑：什么样的表达更加容易被用户感受和理解？

举个例子，有个心理学家正要去吃饭，结果看到有个乞丐正在乞讨，文案是这样的：Homeless, Please Help（无家可归，帮帮我吧！）

然后这个心理学家帮助乞丐改了一下文案，结果乞丐在同样的时间内收入增

加了好几倍——2 小时内收获了 60 美元。

他把文案改成了："What if you were hungry?"（你要是饿了，会怎么办？）

这个文案就是从用户的感受出发的——既然是在饭店旁边，赶着去饭店的人的感受必然是"饿了"。这时说"你要是饿了，会怎么办"，就能瞬间影响别人的感受。

前面那个"无家可归，帮帮我吧！"仍然是从自身的角度写的文案，它描绘的是自身的感受"我无家可归"，而不考虑这样的感受和路人有什么关系。

所以，这就是为什么要选 Y 型文案，它做的是用户感受的设计，目标是让文案变得更容易被用户感受到，而不是变得更加费解。

比如，为了让用户直观感受到"体重秤的精准"，小米的文案是"一杯水可感知的重量"。

再比如另一个经典文案——为了让一无所知的用户感受到第一代 iPod 的轻薄小巧和大容量，乔布斯说：把 1000 首歌装进口袋里。

反观 X 型文案人呢？他们才不关心用户是否能形成清晰的感受，他们注重的是发挥自己的创意和文字功底，所以你看到了这些文案：

反观其他X型文案：

为爱制造，智享人生
用创意捕捉永恒
智掌未来
睿智出行，悦享旅程
让互动缤纷五彩
悦视界
乐享生活，极致体验

你看到这些文案时，你大脑中能够迅速联想到什么呢？

当我说"手中拿着一个菠萝"时，你的脑海中会浮现我手中拿着菠萝的情景；但是如果说"智掌未来"时，你脑海中浮现的情景是什么？什么叫作"明智地用手拿着未来"？

答案是你几乎联想不到任何东西。而这样的 X 型文案就是在用语言的华丽来掩盖内容的空洞和思考的缺失。

上面的那些表达是很华丽，但是本身却并没有表达任何对听众有价值的内容。所谓的"乐享生活，极致体验"，并没有说明产品的任何特色、差异点和优势，只不过相当于在说"我们的产品很好"而已。

一旦缺失了思考和内容，只会堆砌这些华丽的表达，文案工作者的价值就几乎消失了，甚至很容易被机器人取代。

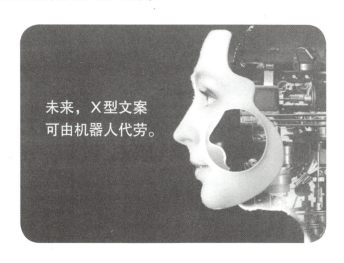

这样的 X 型文案如此容易写，甚至我自己都做了一个模板。要是我会写程序的话，就可以直接写一个程序来代替这些文案。

这个简单的模板都可以替代这种 X 型文案人的大部分工作了。首先，你需要先找出一个和"享"有关的词汇，可以是：

智享
悦享
乐享
创享
静享
畅享

然后再选一个可以被用户享受的词汇，比如"人生""旅程""未来""科技"等。接着就可以灵活组合了，比如乐享生活、悦享旅程、畅享未来……

接着第二个半句也可以用类似的方式随机排列组合，最终得到这个"李叫兽独家出品"X型文案模板：

可编程的模板：
（可惜我不是程序员）

智享	生活		卓越	体验
悦享	未来		极致	梦想
乐享	人生		创新	设计
创享	科技	+	完美	打造
静享	旅程		精湛	工艺
畅享	当下		精彩	瞬间

比如用这个模板随意组合，就可以得出文案："畅享人生，极致体验"，或者"智享未来，创新设计"。

恰好有一个公司，对这样的模板用得非常熟练。请看我从它官网上摘取的一些模板式文案：

一惊一乍文案

独特外观设计，时尚不失优雅

触控时代，智领未来

直观创造效率

让互动缤纷五彩

让"视"界为你而变

畅享精彩内容

乐享生活，极致体验

这样的文案有用吗？有个著名的文案作者也曾经说过："世界上最廉价的东西是什么？一惊一乍与形容词。"

依靠华丽的文字组合创造的"一惊一乍"文案，不仅廉价，更没有什么作用——用户根本不知道你在说什么。

我自己曾经做过这样一个实验，让一群人看到与这个智能宝宝追踪器相关的6句话。然后一天后问他们记得哪句话。

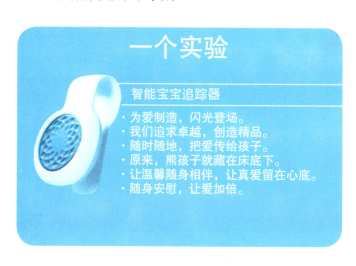

一个实验

智能宝宝追踪器

· 为爱制造，闪光登场。
· 我们追求卓越，创造精品。
· 随时随地，把爱传给孩子。
· 原来，熊孩子就藏在床底下。
· 让温馨随身相伴，让真爱留在心底。
· 随身安慰，让爱加倍。

我想结果各位也知道，几乎所有人唯一记住的一句话就是"熊孩子藏在床底下"。而其他华丽、空洞的表达，几乎没有人记得住。

如果不信，你甚至可以自己看看能够被广泛传播的观点，它们几乎都是具体的、视觉化的、简单的描述，没有华丽而空洞的。

我想最容易出现传播奇迹的东西就是各种谣言了，如果你跟谣言学一下，就会发现它们都是典型的简单、视觉化的文案：

白醋能让你年轻十岁，信吗？

震惊，辣条竟然是用避孕套做的！

可乐会腐蚀你的骨头！

……

如果让 X 型文案人来写谣言，那么肯定他们连谣言都写不好，因为它们改过之后的谣言是这样的：

X型文案人怎么改写谣言：

白醋让你年轻10岁，信吗？	乐享白醋，睿智人生。
震惊，辣条竟然是避孕套做的！	辣条无意，乳胶有害。
可乐会腐蚀你的骨头！	创享健康生活，远离黑色源泉。
WiFi会杀精！	WiFi无形，健康不行。
快餐店的冰块比厕所水还脏。	外表冰洁，内心不净。
仙人球吸收电脑辐射。	仙人来临，升华境界。

所以，我们这个国家如何治理谣言？其实很简单，只需要让造谣的那批人多招收一点 X 型文案人就可以了。

再比如小米体重秤的文案，本来是"一杯水可感知的重量"，我想 X 型文案人一定会改成："智掌健康，灵敏随行。"

我们知道，产品的宣传很多时候靠用户口碑。那么假设你跟你的朋友聊天时，会说："最近发现了一款很好的体重秤，'智掌健康、灵敏随行'吗？"

这样的话你的朋友一定觉得你不说人话。但是你一定可以说"嗨，最近刚发现一款很准的体重秤，可以感知一杯水的重量变化呢！"

所以两种文案：X 型文案模糊抽象、指向不明、让人费解，Y 型文案视觉化、直指利益、简单的行动，你应该知道怎么选了。

为什么用户视角难以做到

既然这样，很多人会说："原来写文案这么简单啊！可是为什么很多人仍然不能写用户导向的 X 型文案呢？"

那是因为"用户视角"本来就是非常困难的事情，本来就是反直觉的。在我们生活的方方面面，我们的第一直觉其实是采取"自我视角"，而不是"用户视角"。

比如我在武大的时候，曾经在快递点看到这样一个广告牌：

这样的广告牌有什么问题呢？

我想最明显的问题就是，快递公司把"武大分部"放在最显著的位置，而弱化"申通快递"这个信息。

从快递公司自己的视角来看，这是非常合理的。对快递公司的工作人员来说，各个快递点之间主要的差异是"武大分部""华科分部""武汉光谷分部"——他们需要把告示牌分发到不同的分部中，因此对他们来说，"武大分部"是最重要的信息，也被理所当然地放在了最显著的位置。

从用户（拿快递的学生）角度，这是非常不合理的。对拿快递的武大学生来说，"武大分部"这个信息并没有什么用。

因此申通快递的人写文案时明显是"自我视角"，而不是"用户视角"。

我们总是口中喊着"用户视角"，但是却经常把它仅仅当成了口号，更多地遵从自己的直觉来使用"自我视角"。

比如很多人在发邮件申请工作的时候，附件中简历的命名"简历.pdf"。这对自己当然是合理的，因为对你来说，电脑中文件的区别是"简历""PPT"或者"报告"。但这对接收这个简历的 HR 来说，却是不合理的——他收到的所有附件可能都叫简历，对他来说，不同文件之间的区别应该是：张四、王五……

再比如在某个机构的公众号上，文章的标题是从自己的角度出发的——"×××庆典圆满结束"，而没有考虑读者真正想看的是什么。

用户视角本身就是反直觉的，并不是我们原始大脑本身想做的事情。所以即使你从小就知道"地球围着太阳转"，但是当你面向早上的太阳时，你的第一直觉都会说："哇，日出了！"而不是更加客观的"哇，地转了！"

你看到的是日出
而你知道地球围着太阳转

如何做到"用户视角"

那么怎么克服这种与生俱来的"自我视角",做到"用户视角"呢?

你可以使用 AB 点理论来分析你的用户。

假设 A 点是用户看到你文案之前的状态,B 点是用户看到你文案之后的状态,那么 B-A 就是文案能够产生的效果。

任何文案都是为了把用户从 A 点带到 B 点。比如下面这些情景:

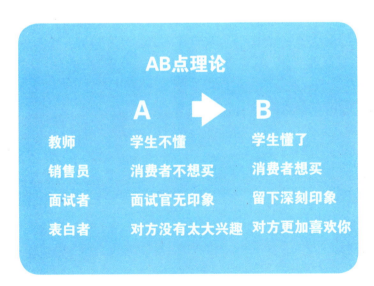

AB点理论

	A	B
教师	学生不懂	学生懂了
销售员	消费者不想买	消费者想买
面试者	面试官无印象	留下深刻印象
表白者	对方没有太大兴趣	对方更加喜欢你

而很多文案的错误就在于不了解用户的 A 点,脑中只想着自己要达到的 B 点。

比如下面这个文案,你觉得有什么问题?

我想对于不了解这个产品的人来说，内心产生的最大问题就是："这到底是什么玩意儿？"

反正我当时看到这个文案的时候，看了好几遍都没有搞懂这到底是什么产品。即使我相信了它可以提供"时尚美照"，可以"微信增粉"，但是这到底是什么？是一个自拍类的 APP？

百度搜索之后才发现，这原来是个"可以用微信遥控的相片打印机"……

那么这样让人费解的文案是怎么写出来的呢？如果用 AB 点理论来分析，就会发现作者错把自己当作了 A 点：

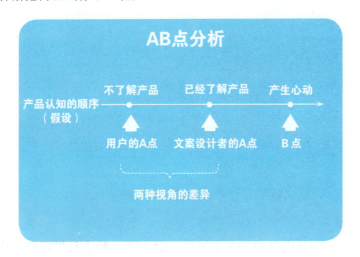

用户对一个产品的认知往往经历了这样的顺序：先是不了解产品，然后对产品建立了解，最后才产生心动。

而作为该公司的员工，文案作者自然非常清楚"微拍到底是什么"，因此就把 A 点假设成自己，写出了"自己觉得很好，但是用户看不懂"的文案。

再比如前段时间看到"易到用车·单读车"的说明文案，通篇都是这样的表达：

我想写出这个文案的作者一定为自己的文采感到自豪。但是我看了整篇的长文案，都没有搞明白这个单读车到底是什么服务。本着研究文案的态度，百度了一下，才发现原来是"在车上放书让乘客免费阅读"的服务。

就这样，文案的作者经常把用户的 A 点假设成自己，忽视了用户并没有像自己一样的背景知识这一事实，从而创作出"让人摸不着头脑"的作品，造成了大量的"自嗨"现象。

比如在线咖啡店的营销人员写的"醇香世界，简约生活：开启咖啡新时代"。他们非常了解自己的产品，对这些咖啡充满了感情，他们觉得这么华丽、美妙的语言真实地描绘了自己对公司咖啡产品的感受，一定能够打动消费者。殊不知，消费者根本不知道这个"醇香世界，简约生活"到底是什么意思，也不知道"开启咖啡新时代"和自己的生活有啥关系。

再比如一些功成名就的高管和创业家，他们踌躇满志地站在写字楼的落地窗前，看着远处的车流，觉得自己拥有改变社会的伟大愿景，"中国的 ××，更是世界的 ××"，他们自己都被这样的豪迈气魄感动了，必须要拿这句激动人心的话当作产品文案。

殊不知，对于每天接受无数嘈杂信息、对你的公司毫不知情的消费者来说，你豪气万丈的口号，可能并没有激起对方什么感受——他们可能没有你一样波折的创业经历，很难体会到这句话背后的意义。

作为一个"正常的人"，其实只要想象一下，我们日常生活中的说话过程，就会发现这样的文案有多么不靠谱。

假设一个现实生活中的情景：

你某一天坐公交去逛街，下车后走进一个小巷，听到有人打麻将；

然后你推开门，发现十几个人停下来看着你这个陌生人；

这个时候你突然说了一句"把梦想照进现实"。

你觉得别人会怎么看你？我想大家会觉得你是神经病——我都不认识你，你怎么突然进来说这样的话！

我想在现实生活中，几乎没有人会这样"不说人话"。但是当文案工作者面对电脑的时候，脑子就忘记了用户，忘记了用户根本不认识他，就开始自顾自地说"把梦想照进现实"了。

几乎所有的文案作者都高估了用户对你的
理解 认同 兴趣 情感

　　而优秀的 Y 型文案作者往往会去真正地了解用户的 A 点，他们会想方设法知道"在用户心目中，自己是什么"，而不是"自己以为自己是什么"。

　　要知道，对于不同的用户 A 点，所需要的文案并不一样。所以你一定要去了解用户的 A 点。

　　比如所有人都看过恒大冰泉的这个文案，你觉得有什么问题吗？

　　这个文案想说的是"我们的矿泉水质量好"，那么我们来分析这个文案的 AB 点。

　　首先 B 点非常明确：想让用户买矿泉水。

　　那么这个文案假设的 A 点是什么呢？既然文案说的是"我们的水好"，那么假设的 A 点应该是：

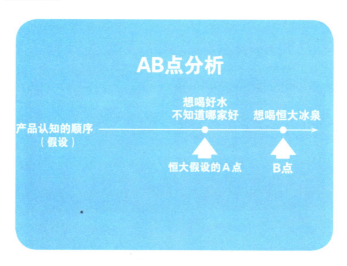

　　然后你觉得在文案刚推出时的 2014 年的中国，用户真正的 A 点是什么呢？

　　我觉得用户真正的 A 点并不是"想喝好水，但是不知道哪家水比较好"，而是"没有觉得喝好水是重要的"。

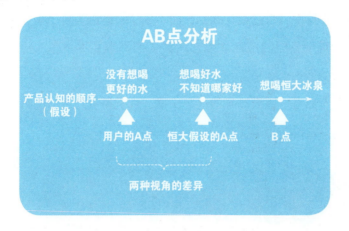

所以对于这样的用户 A 点，可能更合适的文案思路是告诉用户：

再比如滴滴专车在 2014 年年底的文案：

它假设的用户 A 点是"并没有觉得自己应该花更多的钱坐专车",而不是"想要坐专车,但是不知道哪家好"。而这很可能是当时专车服务刚兴起时的正确 A 点。

综上所述,文案写作有两种人:

语言华丽但经常自嗨的 X 型人

语言平实但深懂用户的 Y 型人。

X 型人经常错误地假设 A 点,以感动自己为目的,从而写出了大量让人费解的"自嗨文案"。

优秀的 Y 型文案是对用户感受的设计,而不是创造这些感受的文字的设计。

它一定是从用户的 A 点出发的,是视觉化的、直指利益的,并且让用户付出简单的行动。

免费的才是最贵的——花钱看广告的逆互联网精神之胜利

作者简介： 王冠雄，著名观察家，中国十大自媒体人之一。主持和参与 4 次 IPO，传统企业"互联网＋"转型教练。

2016 年年初，全国上下都被《太阳的后裔》暴力刷屏，这部韩剧的必杀亮点是与韩国同步放映，但代价是要花 15 元包月购买会员服务。互联网视频免费了这么多年，都没取得想要的辉煌成就，居然回归到收费模式下取得了意料之外的巨大成功。"优质的内容＋适当的收费"是实现消费者和广告主共赢的最佳途径，尤其是在"90 后"渐渐主导社会消费潮流的今天，付费和打赏的交互模式比免费来得更有吸引力。今天的广告主们追求的往往是最具价值的媒体，而价值最直观的体现反映在接触媒体所需的花费上。

都说广告是经济发展的晴雨表。央视 CTR 市场研究公司 2016 年发布的《2015中国广告市场回顾》在媒体广告圈炸开了窝，一时间"寒潮"这个词，成为了话题旋涡的中心——2015 年中国广告市场以 –2.9% 的"跌"势收官，成为有数据发布以来的首跌（2014 年这一数据还是增长 2.2%）。这在某种程度上意味着整个中国广告媒体市场进入了寒潮期，或许可以说这是"免费"或"廉价"广告走向衰退的一种必然结果。

但寒潮，是否就看不到春色了呢？来回顾一组数据：

2015 年，影院媒体花费同比暴增 63.8%，在传统 6 大媒体均出现大幅度下滑的情况下，依旧取得同比 60% 以上的增长（预计这一良好势头 2016 年将继续保持）。目前电影映前广告作为影院媒体最主流的投放形态，初步统计其 2015 年度的整体营收预估在 24 亿元左右，同比上年增幅 50% 左右。24 亿元成绩的取得，首先得益于中国电影市场的高增长常态化发展。中国电影市场近几年保持每年 30% ~ 50% 的稳定增幅，至 2015 年已达到总票房 440 亿元，观影人次 12.6 亿，同比增长 50%。

芝麻开花节节高，电影娱乐营销价值"噌噌"涨。

这是不是最好的时代不敢说，但一定是中国电影最好的时代。5 年来，中国电影的稳定增长有目共睹。从破百亿到破 400 亿元，用了不到 4 年的时间（2015 年更是史无前例地达到 440 亿元，同比增幅 50%）。想想看，一个年度观影人次 12.6 亿的电影市场，如何能不让北美老大哥"羡慕嫉妒恨"？这背后可不仅仅是真金白银吧？而 2016 年，票房大盘普遍预测有望触及 600 亿元大关。

现如今，在各自圈子里不谈谈电影，恐怕已经跟不上时代步伐了吧？

比如以前，我们常说的春节现象，多说的是"返乡潮""地球第一大迁徙"产生数以亿计的返乡人流让全球人民叹为观止。而如今，这股返乡潮，变成了春节档全国电影市场的票房"窜天猴"，数以亿计的大迁徙，转变成了几十亿票房（2016 年该档期 7 天近 36 亿元票房）的贡献者。

有人做过调查，如果你"有一笔刚够买房首付的巨款，你会干什么？" 41% 的"90 后"表示娱乐消费，其中 84% 首选电影院。到 2015 年，城市"90 后"群体近六成已工作，财务状况逐渐独立，释放着越来越高的消费需求，他们代表着当下和未来消费主角的年轻人，已经逐渐成为看电影的主流群体。钱袋子有，消费欲望也有，就看你怎么打动他们。

1）春节、五一、国庆、贺岁、周末，甚至工作日，是不是每次去影院都是人多得不得了？

2）去影院，爆米花、饮料、冰激凌不得是标配？

3）电影院在哪？城市核心商圈（通常影院位置在顶楼）。逛商场、吃饭、游乐场，有没有过你或家人、孩子的身影？

4）你见过几个"看完电影，还赶回家做饭的奇葩"？

▇ 在影院：有眼前的"苟且"，更有诗和远方

情侣间的甜蜜约会，闺蜜、朋友间的常联系，或者家庭成员间的聚会互动，走进电影院，候场、爆米花、入座；然后等待灯光暗下，开始一次私密的自我释放，嬉笑，吐槽；当然，更有感同身受、情感的升华与散场的落寞。

比如，2016 年 3 月初上映的影片《疯狂动物城》（成为内地动画题材单片冠军，票房累计 15.3 亿元），小孩可以看童话故事逗乐、大人看到了成人世界的现实法则、情侣可以聊 CP "跨种族恋爱"、侦探迷可以推敲细节、专业影评人可以有谈资……

可以"苟且"，可以诗性，更可以寄托美好的将来。

"有梦想的人，都应该去看影院！"那一刻，是你与大银幕的忘我亲密接触。大银幕的天然传播属性（封闭空间、强制接收）可以做到强制的到达和覆盖，更能把这种方式变得更有利于直面的对话。即，一切都可以是内容、是娱乐、是话题。广告，也不例外。

传播媒介多元化，信息碎片与粉尘化，而电影始终在不停地制造话题与热点，它是高质量娱乐内容的生产者与传播者，打通生产、发行到终端消费，甚至是二次消费整体环节，产生明显的影院周边辐射效应。品牌和产品需要娱乐走心的内容创意，也需要影院这样深度情感沟通的平台。

五大新玩法成就映前广告："你们都在，才是最好的陪伴"

1. 安静下来，跟你的受众直接进行有效对话

很多时候，对于创业公司或是新兴品牌，你的广告片再精美也不会美过那些有国际知名 4A 公司撑腰的国际大牌。这时候，如果另辟蹊径，发挥本土化优势，用更接地气的方式，选择最合适的媒体平台进行品牌与产品的传播，反而能够出奇制胜。2015 年，我们有幸在影院媒体映前广告看到了友金所和 Apple 的成功尝鲜。

友金所并不是第一个试水影院媒体的 P2P 行业，但一定是让你印象深刻的一家。整个品牌 TVC 只有白纸黑字在偌大的银幕上依次滚动，但巧就巧在，它在影厅单一和强制的幽闭环境中进行，并结合了时下最热门的社会娱乐话题。一时间，社交网络热搜词变成了——友金所。

一个创业失败的 90后女孩	我们给了她一个亿	过了三天 王思葱的生活
到底发生了什么	请百度"友金所"	⚡友金所

把消费者个人情感体验放在第一位，假受众之口，塑造品牌形象。Apple 三支 15 秒版本的 iPhone6 广告素材全部来自使用者的拍摄作品。不再强调自己产品的功能与卖点，而是将消费者放在第一位，注重消费者个人体验与互动，可谓史无前例。这样反常、规接地气的做法，不仅赢得了戛纳国际广告创意节五星金狮大奖，更成为社交平台的热门话题。

笔者还记得，那是跟朋友在看暑期档最热的国产电影《捉妖记》，Apple 的广告刚放完，影院里就惊叹声一片，坐在身边的一位大哥低低地说了一句："真牛！"

2. 深度沟通，触景生情

从国际品牌 Tiffany、Cartier 到本土品牌周大福、周生生、千叶等，珠宝类广告一直是影院映前广告的主力军。I Do 品牌在 2015—2016 跨年档期投放的纪念日系列广告片，却收获了一致好评。

奢侈品牌的深度情感沟通，更在乎走心，而非单一酷炫。以时间的流逝为轴，选择普通女性为爱牺牲作为切入视角，没有唯美和产品特写，像夫妻间的日常生活般平淡，但短短的 30 秒早已令人心绪暗涌。要知道，影院观众中 70% 是情侣与夫妻，极其容易对这样的内容感同身受，进而产生共同的品牌偏好。这样充分利用影院环境特性和人群属性的走心广告，自然也收获了极佳的广告效果。不少女性观众和广告同行都纷纷表示，这是他们今年看过最棒的珠宝广告之一。

想象一下，甜蜜的情人节、温馨团圆的春节，你和爱人在影院里一起看到这样一支广告，此情此景，你会不会有冲动要送她／他点什么呢？

3. 高频次、全覆盖、做深、打透

从 2014 年国酒老牌剑南春开始，影院映前广告的年度投放尝试开始，影院映前广告的战略年单和半年单客户开始逐步增多。

还记得冯导在电影院银幕上举起酒杯，对你说的那句"这酒，柔"吗？这成了电影院里大家最熟悉的台词！如今，这样的客户越来越多，并向各行业渗透，如神州专车、小米手机，乃至韩后 2016 年开始连续三年的年度映前广告战略合作等。影院媒体之于传统电视媒体的有效替代性，可见一斑。

从 2016 年 3 月起，小米开始了半年度多城市组合覆盖的"做深、打透"品牌攻势——在一线市场重点进行品牌形象与偏好度建立，用广告与银幕前的观众直接对话互动（如接地气的品牌形象诉求、公益性的品牌冠名提示）；在票房高涨的广大二三线市场，抓住小镇青年带来的观影人次红利，进行品牌价值与产品的全面下沉（如新产品上市全面铺展）。有观影者说道：

30s-品牌宣传贯穿半年　　　　15s-新产品隔月机动推广　　　　5s-公益提示创意贯穿半年

"今天跟小伙伴去影院，被小米广告送达 3 次：先是一条走心接地气的 30 秒品牌 TVC，有点冲动；片刻后，猝不及防地再来一条 15 秒新产品信息，正片马上开始了，还有一条 5 秒的'温馨提示'，又一次进入内心深处哇……"

4. 长版本大片演绎，极致视听的最大化换得投放效果的最大化

此类广告片长多为 45 秒或 60 秒，也有长达 3 ~ 5 分钟的微电影，此形式更适合于有短期爆破策略及渴求热点效应的品牌，比如 2014 年暑期长达 1 个月的盛大游戏 60 秒超精美 CG 广告片《最终幻想》；2014 年 3 月手机淘宝"男色营销"，

引爆女性观影生力军消费热潮的 3 分钟或 5 分钟微电影；2015 年职场社交 APP 脉脉在 3 ～ 4 月招聘高峰期的 1 分钟投放；以及各大高端奢侈品不定期 1 分钟长版本广告等。

它们，使得我们看映前广告成了另一种视听享受，整体上进一步提升了影院媒体的综合价值。可以说，电影院是最适合品牌故事大片式演绎的地方，你没有选择，但你心服口服。

5. 同一品牌创意多元组合策略，实现全景式深度传播

今天的影院媒体映前广告，已经不是简单的传统单一大银幕，还可以充分利用影厅设备，以及影院地理空间，进行"3D"全景式传播。

Dior 系列可以算作第一批吃螃蟹的人，也是最成功的品牌之一。常规版本咱就不说了，一贯的高档次。重点说说 2015 年才加入的映前广告新玩法——UMAX（客厅影院）及 Smart Wall（互动大屏）。

UMAX"大3倍"极致效果：利用单影厅270度空间，将观众的视觉画面，从正面唯一大银幕，拓展到两边，营造身临其境的场景与空间感，栩栩如生，让品牌传播在你的周边"活"起来！

事实上，UMAX影院已有包括Dior、Perrier巴黎水、BMW、澳旅、华为、兰芝、亚马逊Kindle、New Balance、奔驰等品牌展示它们的独特风采，反响热烈。

Smart Wall未来影院互动营销新趋势：可动可静，两种广告发布形式，同时结合影院内阵地互动活动(独具创意性的Miss Dior阵地花墙，散发清新的香气)，有效挖掘消费者在等待电影入场时的空闲接触机会，再配合即将看到的影厅内大银幕广告。为"先入为主"效应赞一个！

广告发布实景－影院候影区LED

Dior花墙－影院阵地活动现场

说了这么多案例，最后再总结一下：今天的电影映前广告，已经不是简单地做与不做的问题，更是怎么做最有效的问题。

综上所述，影院媒体与映前广告的异军突起，并非一蹴而就，它得益于电影大市场的繁荣和自身的不断发展创新，方能吸引越来越多的品牌把注意力和预算从传统媒体向影院媒体转移和倾斜。

在娱乐至上、内容为王的当下，电影娱乐化营销的价值空间在增长，影院成了品牌与消费者情感深度沟通的平台，多元而又好玩的映前广告，成为品牌溢价的标配，它们玩得来小清新，搞得定高冷范儿，秀外慧中，性感又不失温度。

（本文涉及数据来源：CTR 全媒体数据调研、国家电影专资办等）

群访嘉宾： 张志安，中山大学传播与设计学院院长、教授、博士生导师。国家高端智库中山大学粤港澳研究院副院长，广州大数据研究基地主任，广东省新闻学会副会长。主编出版《中国新闻业年度观察报告》《互联网与国家治理年度观察报告》等10余本著作，曾获中国新闻史学会首届国家学会奖之"杰出青年奖"等。

主持人： 李亦菲，观澜湖集团文创事业部总监。

新媒体环境下企业传播的挑战与机遇

李亦菲： 在移动互联网时代，企业和新旧媒体间的关系发生了翻天覆地的变化，您觉得这些变革对企业产生了哪些影响？

张志安： 我认为有两个重要的变化值得注意。一是融合转型中的媒体很难找到新的盈利模式。二是网络营销、移动营销和数字营销越来越成为主流，企业传播的自主性在不断强化。具体来看，在新媒体环境里，传统媒体渐趋衰微，媒体的监督性开始弱化。与此同时，信息的产值和流通成本在极大下降，企业可以借助自有媒体与各个利益方开展直接沟通。在此过程中，企业的主动性和能动性都在增加，尤其是处在危机状态下时，企业进行信息发布的主动性表现得最为明显。不过，很多企业的自媒体建设总体还是停留在初级阶段，定位过于营销化，靠自己"单打独斗"有的时候很难走得远。因此，企业需要和成功的自媒体开展合作，借助外部力量来推动自身机构媒体的专业化。

江勇（广东电视台）： 如何评估《网络出版服务管理规定》这一新规对企业自媒体的影响？

张志安： 新规对企业的自媒体影响有两点：第一，企业在发布原创内容过程中，恐怕要逐步强化政治意识或者舆论引导；第二，新规可能也意味着企业在自媒体运营建设过程当中，对于实质原创内容的采访报道本身恐怕也会有一定的限制。

Lorna（达能企业声誉及社媒形象高级经理）： 我比较困惑的是当企业的产品品牌知名度大于企业自身品牌的时候，企业品牌如何有效传播？很多时候企业品牌的传播费用比产品品牌的传播费用少很多，如何才能够与产品品牌在传播内容、传播平台和渠道上形成有效的互动和互补？企业品牌的传播在新媒体环境下有哪些变化？

张志安： 先回答第一个问题，我觉得关键还是要看企业到底是怎么想的，是更看重以企业品牌来带动产品品牌，还是更倾向于做大产品来反哺企业品牌价值，可能不同阶段的战略也会有所不同。比方说亚马逊收购卓越，早期把卓越放得比较突出，但是随着公众熟知，亚马逊变得越来越凸显，卓越反而弱化了，所以这里面也包含品牌的过度化困境。

第二个问题是，企业品牌在新媒体环境下有哪些变化？我们都知道，在新媒体时代，消费的主力都是年轻人，他们不像父母看中产品功能才购买产品，而是更加注重品牌本身带来的情感认同和某种文化及价值观。从这个层面来讲，企业需要更加懂得如何针对不同社群或消费者群体来制定传播战略。

另外，在新媒体尤其是社交媒体时代，企业会面对一个越来越透明、公开的消费者评价环境。从理论上来讲，每一个消费者对企业的投诉或是产品的评价最终会形成一种群体智慧。从正面角度来看，企业确实会面对一个具有透明性的消费者口碑和评价环境。那么，对企业自身来讲，就需要做好自己，能面对危机、响应危机变得更加重要。

李亦菲： 传统企业现在都面临转型危机，新媒体在互联网时代可以给企业怎样的机会？

张志安： 对大部分企业来说，新媒体是推广产品、服务客户、建构品牌、传播文化的重要资源，每个企业都应该思考和选择自己的新媒体运用及发展战略。互联网时代，企业应该注重建立社会化沟通的机制，这包括树立人格化的品牌传播思路，发展以"产品－服务－社群"为核心的传播生态链条，维系持续互动的关系网络。

李燕（万达快钱高级公关经理）： 随着新媒体时代的不断变革，产品品牌的

107

传播策略正在进行怎样的迭代？在进行产品宣传时大家对新媒体在用户转化和精准效果上抱有很大期望，现在新媒体在精准传播上发挥的价值有多大？

张志安：就我自己外围的观察，大部分企业只是把新媒体当成一个推销、营销的途径。如果不能通过新媒体手段给用户创造持久的、吸引用户关注的价值，企业要保持用户的黏性就非常难，提高转化率就更难了。另外，至于精准传播的价值到底有多大，这需要所在平台真实开放的数据来评价。

李亦菲：很多企业认为新媒体传播等于企业社交媒体传播，您怎么看？

张志安：不可否认，专业新闻媒体仍旧是企业实现最广泛沟通的可靠信使。社交媒体是新媒体的一种类型，只不过在当下是主流而已。打个比方，企业如果是卖面膜，微信和微博都有用，但如果是卖汽车或房子，企业官网或电商平台则更有用。所以，关键还是企业的定位和目标，不要唯社交媒体至上。

另外，根据美通社的调研结果，中小企业对微博、微信、移动终端 APP 等新兴媒体的利用程度要高于大型企业。但对于多数企业而言，企业自营媒体的影响力建立过程非常艰难，只有不足半数（47.6%）的企业社交媒体的粉丝总数超过一万，而且近 3 年增长持续放缓。

李亦菲：如今，人人都是媒体，联想集团跟自媒体"商业人物"无下限的互相攻讦也引起了业内的广泛关注。新形势下，企业在做好声誉管理或危机公关方面有什么挑战和机遇？

张志安：就媒体与传播这个部分来说，在新媒体环境中需要考虑以下四点：

一是企业想要预测和预判风险，关键是判断公众感知，及时发现问题。社交媒体和网站论坛等都是企业预知风险的"窗户"。

二是及时发现问题、自我纠错和信息公开。企业微信、微博和官网都是企业滚动披露真相的"话筒"。

三是综合运用外部资源，改变"我在说"的态势，形成"大家说"的格局。这就需要对行业意见领袖进行关系管理，大 V 和中 V 都是风险沟通的"外力"。

四是在话语策略上，要充分重视在事实、价值观、利益三个维度上的沟通，以建立和维护信任为目标。企业获取信任既要表现出知识、能力层面上的专业、理性，又要充分表达情感、情绪层面上的关切和共情。

企业传播的战略与方案

郝政源（渠道帮创始人兼 CEO）：企业自媒体应该自己做还是外包？

张志安：我认为这关键取决于企业对自媒体的发展战略、重视程度及企业目前拥有的资源。另外，企业要想清楚自媒体到底会给自身创造怎样的价值，然后再决定到底要怎样做。

李亦菲：业内流行一句话：数据属于大公司，变革属于小公司。在新媒体时代，您觉得大企业与中小企业的传播策略应有怎样的区别？

张志安：一般来说，大企业重视品牌（对销售的拉动）、小企业重视营销（销售），前者除了侧重产品传播外还注重品牌、文化和企业价值观的传播，后者更注重产品和企业定位的传播。大企业会综合运用广告、公关等多种方式，小企业初期主要以公关和适度营销的方式运作。不过，这些都是表层差异，深层差异是大企业应该有魄力和实力把传播当成"战略"之一，小企业囿于实力，更多地把传播当成"策略"。在现实中，我们也看到很多中小企业在初期就将传播作为重要战略，从而获得了品牌价值的迅速增长，如"锤子手机""褚橙"等。

总体来看，大企业资金雄厚，比较强调传播的战略性，传播内容也与品牌内涵相契合；中小企业花钱比较审慎，花钱更注重性价比，即传播的收效是直接考核的指标。

李亦菲：您曾多次在演讲中提及互联网大企业手中的传播大数据，您认为企业该如何利用传播大数据呢？

张志安：对于大数据而言，我觉得有三个层面的价值可供开发和挖掘。其一是商业价值，数据本身就是最大的资产，企业需要考虑如何将数据深度利用和价值变现；其二是服务价值，我们可以运用数据来洞察用户需求和行为，提供更为精准化与智能化的服务和产品；其三是社会价值，若想进一步提高社会声誉，企业还需要建立数据合作、开放和共享意识，可以尝试与科研院校等研究机构进行数据合作，共同探索规律、理解社会、贡献知识或智慧。比如，优步（Uber）为美国纽约市提供市民出行数据，而国内阿里巴巴集团在协助政府监管部门推动消费者维权方面也提供了大数据支持。不过，现在很少有企业意识到或实践第三个层面的价值。

樊力（2016任《商界》杂志主编）：请问张院长，普通公司掌握VR（虚拟现实）技术的门槛体现在哪些方面？参与机会有哪些？

张志安：我觉得VR的门槛会越来越低，现在国内公司已经推出了价格只有两三千块钱的拍摄设备，像广东电视台在两会报道当中就已经开始应用了。但若想有特别好的观看体验，VR的设备成本还是比较高的，每一套可能要两三万元人民币。将来我相信会越来越便宜，对公司来讲要参与和运用也会越来越方便。

传统媒体转型与政务传播

岳霞红（2016年任职《太原晚报》经济部）：传统媒体都推公众号，但单纯把报纸内容搬到公众号上，应者寥寥，反倒是抛开新闻做纯服务的公众号吸引了不少粉丝。这代表了媒体转型的方向吗？发展空间有多大？

张志安：说实话，在现有的媒体环境之下，传统媒体进行相对比较自由、专业的报道，特别是有价值的资讯，单纯靠新闻是不行的。可能更多遵循保守或者稳妥的策略，践行"新闻＋资讯＋服务"的模式，而更有效的方式是从垂直领域切入，把公众真正需要的服务通过互联网的渠道传播或提供给受众。

王艳辉（上海《解放日报》社记者）：请问你怎么看待蜂拥而上的APP？纸媒真的没前途了吗？会不会有一天，大家都想返璞归真呢？

张志安：需要解决的一个问题是，纸媒的内容搬到APP后，是否真的能够创造价值，能否有大规模群体下载，并且有持续浏览的忠诚度和用户黏性？大部分APP并没有满足用户的核心需求，导致没有足够的活跃度和粉丝数。所以如果要做APP，大家一定要想清楚真正的优势是什么。

至于纸媒的前途，我是相对悲观的。尤其是严肃的新闻内容，几乎不可能通过数字付费的方式进行改变，但像财新传媒等能给用户提供决策支持、为用户创造价值的报道除外。大部分的综合新闻，纸媒是不可能通过内容来进行价值变现，并支撑自己的运营。

当然，除了政府或大机构经济资助的模式之外，交叉补贴或许是可盈利模式之一。所谓的交叉补贴就做内容本身不赚钱，但通过其他的业务渠道赚钱。比如纸媒凭借政府的政策红利去经营房地产、文化产业、酒店业或购买游戏公司，通过这些"外快"来养活内容转型。中国的报纸实在太多了，大多数报纸确实已经没有价值了。

所以，也不必为纸媒的退出或前途的没落感到担心。只要有价值的新闻存在，至于其载体和平台在哪儿，对公众来讲并不重要。至于会不会返璞归真，我想即便有，也是极少数。

文博（2016 年任职于尚洋文化）： 现在政府宣传部门对新媒体越来越重视，很多都倾向于通过第三方机构进行内容运营和推广，在具体的新媒体运营中，政府部门如何把握好政务宣传、市民服务呢？

张志安： 政府之所以通过第三方机构进行内容运营和推广，最主要原因还是人手不够。对于如何把握好政府宣传和为民服务两者之间的关系，首先要明确政府进行服务是最根本的，如果离开了服务，那么宣传就是无本之木。政府部门要运作好新媒体，首先要通过新媒体给公众提供有价值的信息。

其次是互动，用微信服务号来帮助公众实现网络办事，进一步提升信息服务和网上办事的价值。但更重要的是，政府部门需要通过新媒体真正地去了解、尊重和敬畏民意，从而让政府日常的公共决策符合社会治理的精神，符合公共参与和利益最大化。比如，北京昌平区的女法官被暗杀以后，最高人民法院的官方微博在第二天凌晨就发布了消息和评论，有效回应了社会关切。所以说，政务新媒体就是要发挥这种发布真相、接受社会监督及积极引导舆论的功能。

传统快消品牌遭遇四大传播困境

作者简介： 谭北平，数据分析与洞察行业的专家，拥有 16 年市场研究经验和超过 11 年的洞察产品开发经验。2006 年—2014 年担任国际研究公司 Millward Brown 在华研发体系负责人，同时兼任秒针系统首席数据科学家。2014 年创立数字新思，跨界整合大数据、神经营销学及经济学前沿，用真实行为和真实情感数据推动互联网时代的营销革新。

日化、食品、饮料等快消巨头靠大量广告所构建的用户品牌忠诚度，正在被这个信息碎片化、粉尘化的时代逐渐瓦解：电视类媒体晚上开机率大幅下降，收视人群老化带来的挑战；网络视频贴片广告带来的广告抗性与 VIP 用户对广告的屏蔽；户外媒体人群快节奏、环境嘈杂、被手机大幅度抢夺注意力的风险。与此同时，移动化与被动式媒体价值凸显，移动化传播就是要利用新闻端、微博、微信群、朋友圈、知乎等，结合娱乐、话题、热点内容形成自传播，核心是制造一个好的具有关注性的内容，引发大量二次转发，最后形成社交平台的话题发酵，如小米、诸橙都是成功的案例。而占据线下入口的被动式媒体，在消费者必经的封闭的生活空间里，形成强制高频的收视传播，已是引爆品牌的核心通路。

当前中国经济下行，局部市场比 2008 年全球金融危机后几年内的状况更低迷。传统快消行业，如日化、食品、饮料这些行业中的巨头公司，在上一轮金融危机时被称为刚需，依旧保持双位数增长，而此轮经济下行，主要快消品巨头几乎陷入负增长。是总消费量下降了吗？数据显示并不是这样，而是原来靠规模优势崛起的巨头正在被电商、跨境等新通路中的中小品牌瓜分。巨头大量广告所构成的用户品牌忠诚度，也正在资讯过度、信息碎片化与粉尘化的时代开始瓦解。传统快消品牌的下滑与传播环境的巨变有着深刻的关系，在一个资讯严重过度的时代中，品牌商要注意突破四大传播陷阱，适时调整媒介战略，才能有效把握与用户沟通的触点，形成用户对品牌的真正记忆与认知。

电视收视点的困境

许多国际快消巨头十分重视投放媒体的数据分析，包括 GRP（总收视点）、CPRP（收视点成本）、Reach（到达）和 Frequency（接触频次分析）等，这对于插播广告的效果是很好的评估手段。但今天的现状是，晚上开机率大幅下降，收视人群老龄化，120 个频道上万个节目选择过多，广告时段转台率过高，真正有价值的观众收视呈现周末化、栏目化特征，只有 8~10 个最核心的娱乐栏目具有 2% 以上的收视率，比如《中国好声音》《我是歌手》《爸爸去哪儿》等现象级节目。今天的电视有数千个娱乐栏目，大家能够广泛记得住的栏目也就是前十名。收视率在 2% 以下，百度用户关注指数低于 5 万，每年相关微博条数低于 30 万条的，消费者很难记得住，因为缺乏足够的影响力和扩散能力的栏目是很难带动你的品牌影响力的。在前十大栏目中，必须投重金选择冠名赞助商，至少也要是特约播出商，因为观众消费的是内容而不是广告，纯粹插播广告即使可以累积 GRP，计算出到达与频次数据，但实际上效果很低。加多宝在《中国好声音》、立白在《我是歌手》、伊利在《爸爸去哪儿》片中广告插播都有几十条，绝大部分广告用户很难想起来。所以虽然《天天向上》《快乐大本营》《奔跑吧兄弟》《中国好声音》《我是歌手》《爸爸去哪儿》等季播节目，冠名赞助商成本已超过 5 ~ 6 亿元，但收视效果有保证，具有投资能力的大客户应该占据这些稀缺性的头部资源，才有影响力和记忆度。

总结：在一个信息爆炸、广告爆炸的时代里，如何靠散播、插播去做 GRP，去做 Reach，这些收视点的数据是否正确，是否能够产生足够的影响力，都是快消品客户的困境。

数字化的困境

看电视的人越来越少，时间越来越短，年纪越来越老，眼球迁移至网络是不争的事实，所以这几年传统快消客户都把电视广告往 Digital（数字设备）广告上移。在 Digital 上，网络视频与电视广告最为接近，所以电视预算正向网络视频迁移。视频广告前贴的时间长度也在接近电视插播广告的长度。

因为不同的沟通环境（消费者在这种环境下对看到广告这件事的总体接受度，以及环境信息的干扰度），视频插播广告太长而不可跳过，导致用户接受度下降，或者购买去广告服务。Millward Brown（华通明略）的 AdReaction（移动营销）调查显示，从广告接受度看，虽然电视广告量多，网络视频广告量小，但对电视广告接受度为 15%，网络视频广告接受度更低，仅为 10%。电视二三十年来都有广告，属于伴随性的，用户具有一定的习惯性和容忍度，消费者可以选择转台；而网络视频用户屏幕小，目的性更强，遇到广告前插反感度很高，许多优质用户改买 VIP 账号，核心目的之一就是没有广告。

所以在信息爆炸、内容泛滥的时代，除了数字化之外，能够干净地占领消费者时间的媒体都是重要的选择。办公室白领每天路过的电梯电视，用户被动生活空间中没有选择的视频媒体效果，充分利用了写字楼人群短暂停留的每天 5 分钟左右的无聊时间。2015 年增长速度最快的影院视频广告，由于环境的特殊性和声画播出的震撼性，用户收视效果和对广告的记忆明显高于其他视频媒体。

总结：2014 年媒介 360 对 100 位 CMO（首席营销官）的访谈发现，3 年内除了数字媒体外，电影院媒体及电梯媒体都是 CMO 们青睐的屏幕。实际上 2015 年，也就是这三大类媒体在高速增长。

户外真实到达率的困境

面对晚上的电视收视时间日益下降的现状，传统快消品牌开始重新审视户外广告，因为人们在户外的时间在扩大。传统快消品牌习惯于投放公交车候车亭、地铁等传统户外媒体，公交车候车亭广告处于过度开放和纷乱复杂的空间，投放的品牌数很多，广告很难被记忆，而手机的兴起夺走了用户以前在路途上的大部分车身、候车亭和大牌霓虹灯等传统户外广告的收视时间。相对而言，封闭的地铁效果略好，但环境过于拥挤，广告过杂，干扰度相对较高，且用户往往匆匆路过，缺少相对稳定的收视时间，2015 年整体投放量已经出现下降。纯粹追求到达率、曝光度其实是个陷阱，看似广泛覆盖，其实能有效到达和记忆的广告寥寥无几。大中型城市真正有效的，是在消费者封闭的空间中具有强制性和不可选择的媒体，例如电梯海报等。从 CTR（网络广告点击到达率）的数据上看，处在消费者必经之路上的社区电梯海报，因处在狭小封闭的电梯空间中，环境单纯而用户无所事事，并且因为大部分社区电梯内尚无 3G、4G 信号，没有手机分散注意力之忧，所以广告投放量持续高涨。

总结：户外广告只谈到达和曝光已经不够，还需要明确广告的可见性到达。

📱 移动化的困境

互联网每天覆盖六七亿人口，特别是移动端已经占据用户一天几个小时的眼球时间，大部分人都成了低头族，移动端已经是用户取得资讯的主要方式，所以信息量巨大，干扰度很高，广告很难被记忆。移动互联网能让用户随时随地取得大量资讯，极大地满足了内容需求，但手机屏幕很小，品牌广告插入的位置很有限，而且移动互联网是典型的用户型产品，用户对强行插入的硬广，关注度与接受度较弱，抵触性强，往往被随手刷过。纯粹在移动端做开屏广告或信息流广告，对已经具有一定知名度的快消品牌而言意义不大，而利用微博、微信、新闻端结合社会热点和事件，创造可以被传播的话题与内容，或是利用移动端微信公众号来经营粉丝，建立社群，营造口碑进行传播，效果更佳。

总结：移动端的广告形式和购买需要时时革新，移动端也不是 PC 端的简单复制。

Part 3

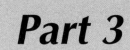

重新定义营销

大数据变局

如何在新媒体时代挖掘"大数据金矿"

群访嘉宾： 沈阳，清华大学新闻与传播学院教授、博导，中国舆论学会副会长，曾任中国人民大学、武汉大学、新疆大学等学校兼职教授。中宣部媒体融合专家组成员，中宣部国际传播专家组成员，中央网信办国家互联网舆情中心特邀研究员，新华网舆情首席科学家，新浪新媒体学院荣誉教授。

主持人： 杜晓颖，1919 酒类直供传播中心总监，曾任上海家化集团可采品牌经理，国内 4A 广告公司策划总监，具有多年市场策划推广及传播经验。

竞争情报、用户交流是获取数据的有效路径

陈治华（2015 年任圣象副总裁）：请问，如何从海量消费者信息中提炼出企业所需的信息？

沈阳：我个人觉得首先要分析竞争对手的一些情报，我们把它叫作"竞争情报"。首先，关注我们竞争对手在干什么，他们的创新点在什么地方，针对用户做了哪些优化。其次，要在网络中有针对性地搜索用户平常所发出来的信息，然后再有针对性地跟他们进行沟通。最近很多阿里的钉钉团队成员都是晚上去找用户进行交流，甚至有的人达到了跟用户交流 1500 个问题的程度，这是非常值得借鉴的。

如何让你的微信公众号榜上有名

杜晓颖：每周的微信公众号排行榜中，排名前列的公众号都有什么特点？比如，发布什么内容更容易排在前列？

沈阳： 新媒体指数每天都会排的，正常情况下，我们发现排在前面的，大部分还是跟粉丝量有关，粉丝的量级高，一般来说可以排在前面。

文章要获得较高的阅读量，内容应具备以下几个特点：第一，有情感驱动，即有特别明显的情感倾向；第二，要有数字，比如说"十种武器"这样的词语；第三，带有新、奇、特的话题，或者是热点话题，能快速跟进；第四，表现形式比较丰富。

大家直接点击 www.gsdata.cn 搜索，就能看到昨天的总榜单。

如何判断数据真假

胡钺（嘉士伯企业事务总监）： 如何进行检验 Data mining（数据挖掘）得出的数据？如何证明数据的有效性？

沈阳： 要检验挖掘出来的数据真实性，首先要考虑一个基本的出发点，只要有利益的地方就会有数据造假。那么我们怎么判断数据的真实性呢？

第一，我们可以根据常识来判断它的数据准确不准确。

第二，根据多个子数据的相关性来判断。比如说在微信公众号中，头条、第二条、第三条的阅读数实际上存在着相对稳定的比例，如果这个比例突然差异变大，这就说明造假的可能性比较大。

第三，可以做一些小测试。我举一个最简单的例子，比如看一个 APP 的文章阅读数是真还是假，首先看它的评论数，评论数跟阅读数之间可能会有一个比例，比如说 100 个人阅读有 1 个人评论。这时候怎么检验这两个数据之间的真实性呢？其实我们可以做一个导流实验，把这个 APP 中的文章导流到我们能够确切知道阅读数的网站，通过导流过来的数据，基本上能够判断这个 APP 的阅读数有没有造假。

大数据机构的五种类型

杜晓颖： 现在国内真正掌握大数据的有哪些机构？它们有什么特点？

沈阳： 目前国内掌握大数据的有这些机构：

第一类是原生数据。像腾讯、阿里、百度及政府机构，它们本身就收集了大量的用户数据，也有比较强的分析能力，但它们不一定适合于特别专业的数据需求，也不一定完全公开数据。

第二类是舆情公司。大量的舆情公司每天都在抓取非常多的网络数据，是天然的大数据公司。这类公司也可分为两类：一类是自己本身有抓取能力，有爬虫系统；另一类只是靠搜索引擎把百度、搜狗的数据扒回来。其中自己有搜索引擎的舆情公司，数据量会比较丰沛。

第三类是一些专业型的数据，比如说能源大数据、钢铁大数据，它们的数据不是通过网络而是通过其他各种方式收集起来的。其中特别有价值的数据是基于专业领域的，一般具有数据的独占性。比如，在法院系统当中，法院对于个人审判的案件数据，如果能与银行网络中收集的数据结合起来，就可以做成一个网络征信系统，这两者的结合价值高于纯粹的网络数据，或者纯粹的传统数据。

第四类大数据公司或者机构，就是数据的交换平台。大家把自己的数据提交到平台上，其他人可以从这些数据平台下载自己需要的数据。

第五类大数据机构是高校。比如，我们团队的数据量也比较大，微博数据在1.5亿个，微信数据目前是上百万个微信公众号，APP也接近100万。

整体看来，不同类型的机构，拥有的大数据类型及研究的深度有所区别。

对于公司来说，要寻找自己最适合的类型。比如，作为一般性的营销公司、公关公司或者大公司的市场部门，最需要的是非常精准、优质的用户数据，其次是竞争对手的数据，以及海外技术进展、市场进展方面的数据。如果获得一些政府决策方面的深度分析数据也是非常好的。

关于大数据，国内国外不相同

杜晓颖：国内的数据和国外的数据在研究方式、收集渠道、人群范围等级方面，有哪些不同？

沈阳：国内数据和国外数据有以下几个区别：

第一，研究深度不同。在某种程度上，国外的数据在研究深度上还是高于国内的，比如人工智能，包括机器学习、神经网络的算法等方面国外做得比较深入，国内则相对要弱一点。

第二，文本数据的区别。国外的文本识别准确率很高，比如国外机构情感分析程度的准确率比国内高很多。

第三，国外的数据可视化呈现高于国内。像在好莱坞电影目录里面，我们可以看到很多大片，它的可视化都做得非常棒。

另外，在某种程度上，国内的收集渠道中，调查样本和可信度是存在缺陷的。中国公司的调查样本目前很难覆盖特别多的国家，所以很多跨国公司主要还是委托跨国调查机构来进行调查，这也是中国公司一个非常有价值的努力方向。

小数据是一种新媒体

柳奇（杭州海康威视数字技术股份有限公司品牌管理部总监）：沈老师，大数据可以理解为一种新媒体吗？如果可以，怎么界定其特质和功能？

沈阳：准确意义上讲，大数据不能理解为新媒体，只有对大数据提炼之后的小数据，才可以理解为一种新的媒体。因为对于大数据，如果人工去看，可能看不出什么东西，它是一种粗糙的、原生的状态。只有对大数据进行提炼，形成概念和知识，通过小数据来进行表达，进而触发我们的智慧，在这种情况下，就可以认定其是一种媒体了。

一般来说，大数据包括几种基本的类型：第一种是即时数据，就是聊天的数据；其次是社交数据、工业数据及媒体数据。

国外企业的数据从何而来

杜晓颖：国外的研究数据都是公开的吗？国外的企业一般怎么获取数据？

沈阳：国外有很多研究数据是公开的，当然也有一些是不公开的。其中，非常关键的是隐私问题，像社交网络的数据，甚至没有你的 ID 号，都能够通过你的交往结构推断出这个 ID 是你的，所以数据最重要的问题是产权和隐私。

一般来说，国外的企业首先通过开源的方式来免费获取，其次是商业购买，再次是委托公司进行采购，最后是对自身获取的数据进行清洗。如果是大企业，完全可以在大数据方面投入更多的力量，把企业完整的生产过程基于大数据进行调整。

是否自创APP的评价标准

杜晓颖：企业是自创 APP 还是依托微信这样的超级 APP 平台进行传播比较合适？

沈阳：我自己有一个简单的评价标准：如果你认为自己的用户达不到 100 万，就没有必要去做 APP；如果你提供的功能不够丰富，也没有必要去做 APP；如果你没有特别强的技术研发能力，也没有必要去做 APP。

我们可以想象一下，基于微信和微博这样的超级 APP 进行传播，如果你的 APP 下载量是 100 万，假设你的激活率是 5%，那么你有 5 万用户；如果你的微信粉丝是 100 万，假设你的打开率达到 5%，那么你也有 5 万直接用户。所以比较起来，我个人觉得要根据用户规模及提供的功能，还有投入状况来决定是否自创 APP。

媒体三分天下，谁将称霸武林

杜晓颖：媒体生态格局正经历剧变，传统媒体、网络媒体、自媒体三分天下，你认为这三种类型的媒体未来将会发生怎样的变化？

沈阳：我个人觉得传统媒体会进一步萎缩，网络媒体还会持续发展，自媒体会有一定程度的增长。

有一个非常明显的动态，传统媒体加大了转型力度，正向着网络媒体和新媒体方向拓展。传统媒体一旦发力并加强知识产权保护，以其正规化、内容的丰富性、严谨性和深度，传统媒体会占据优势地位。自媒体人的长处在于运营机制、对于用户兴趣的把握及本身的人格化。

如何准确掌握用户画像

李燕（万达快钱高级公关经理）：沈老师，对于企业来说，非常希望利用大数据准确掌握用户画像，寻找目标用户，然后进行有针对性的营销，但现在很多企业都打出所谓的大数据概念，请问到底什么渠道的大数据可以使企业准确掌握用户画像，从而进行精准营销？

沈阳：需要有比较准确的数据分析，才能够得到一个比较好的用户画像。比如在微博里，我们通过分析一个人的 50 条微博，基本上就能够知道他的政治倾向和语言风格；通过他的发布时间和手机类型，大致能够判断他的基本消费情况。这时候如果我们能够在私信上跟他对接，就可以直接把相关信息推送过去。

在微信的朋友圈当中，我们也可以针对某个人发的朋友圈相关信息，进行这个人的一些属性描绘。我们能够看到的数据最好是有个人 ID 的，有精准内容的数据相对更好一些。

谢玉琳（克莱蒂珠宝品牌总监）：如果中型企业进行内部与行业研究，需要数据收集，是设置部门还是外部购买呢？如果设置部门，主要职能、职责如何分配？或者怎么找合适的机构合作？

沈阳：中型企业做数据收集，如果一年数据方面的预算在 50 万元以下，委托外部机构来做比较好；如果预算在 50 万元以上，可以考虑自己做。如果要做数据分析，最好有几方面的人员结合：一是数理统计人员，二是做本行业的专业人员，三是网络营销人员。

如果找合作单位，最好找本身就在网络中已经有很多成果的单位，这样相对比较靠谱一些。

📱 买来的粉丝不是你的菜

杜晓颖：微博买粉对企业有帮助吗？会有哪些危害与弊端？

沈阳：首先，在某种程度上，微博买粉在面子上对企业是有帮助的，但是如果遇到懂行的人，他可能会调低对这个企业社交媒体的评价。所以，企业真的要依靠这些僵尸粉求生存吗？这一点我们必须明确。

真正需要培育的是我们的核心粉丝，或者说铁粉。一般我不提倡大家去买粉，但是考虑到具体情况，某些时候也可以理解，但是我自己绝不去做这种事情。

我们看一个微博首先就会看它的粉丝数量和转评数量，虚假粉丝过多，一对比就会发现真实粉丝大致是什么样的，所以核心还是要培育自己的铁粉。只有我们的铁粉，才能真正护卫我们在网络中稳步前行。

悠悠众口可以铄金，舆情监测不可少

杜卫东（广西华晟名置业总经理）：舆情软件最先用于政府监控，其实对企业来说是倾听用户心声最有效的工具，您怎么看？

沈阳：对企业来说，舆情软件是非常有价值的。

第一是可以监测整个舆论场对企业的评价。现在舆论场一旦出现某个企业的负面信息，企业股价往往会波动得非常剧烈，比如宋丹丹曾经转发过一条微博，导致她提及的企业市值降了 10 亿元。所以我们要密切监测整个网络舆情，预判网络舆情对企业形象、股价等方面的影响。

第二是网络舆情能够非常清楚地表达客户的心声。我们可以在企业的产品研发阶段、制造阶段、销售阶段、售后服务阶段，分门别类地把用户的意见收集起来，然后进行研判。

第三是可以利用网络舆情来分析企业领导的形象、企业活动的成功与否、企业下一步的战略调整方向，使企业产品进一步改善。所以，网络舆情监测对于企业的发展还是非常有效的。

微博仍然是打通外部世界的窗口

杜晓颖：现在微信的使用人群增速非常快，而微博已显疲态。微博会衰落，甚至消失吗？

沈阳：微博现在是已略显疲态，但是它有以下特点：第一，时政类人群没有离开微博；第二，舆论明星没有离开微博；第三，企业家没有离开微博。大量的年轻人和四线、五线城市的人，他们要了解外部世界，微博仍然是一个更好的平台和窗口。当然，在一线城市已经有很多以前的用户正在离开微博，但我的判断是，中国还是需要微博的，我最近就加大了微博使用。

微博的一个最大风险在于它本身的产品策略，如果它本身不出问题，还会有相对长的生命力，如果本身产品策略方面出了问题，可能会快速衰退。

舆情监测平台的评价标准

黄涛（网信理财媒体关系总监）：沈老师，从危机公关的角度讲舆情监测对企业来说是个重要的工具，但什么样的监测平台比较好？有什么标准？现在各种找上门的监测公司有很多，难以筛选。

沈阳：舆情监测平台的评价标准有三点：第一是快。你自己做一个最简单的测试，输一个自己指定的词发一条微博，然后用监测工具看一下，多长时间能检索到。

第二是准确。比如说查找某个事件在多少个网站出现，比如说自己公司的事情，你可能用百度、用谷歌、用好搜，会搜到一定的量级。除此之外，你还可以在一些小的网站上发一些信息，看看它能不能被搜得到。

第三是全。它包含的信息量尽可能丰富，但又重点突出。

阅读数与转化率并不一定成正比

李燕：现在企业运营微信公众号比较看重阅读数，阅读数一降低就认为运营不成功，你认为追求阅读数的倾向正确吗？有什么比较科学的评价方法？

沈阳：我认为追求阅读数不是一个特别好的倾向，比如说有的号有几百万粉丝，但是它的打开率很低。最重要的一个指标还是打开率，打开率是忠诚粉丝的核心指标。

当然，粉丝数也尽可能需要多一点，但是我个人觉得最关键的还是核心粉丝。

最重要的是，你到底能够有多少经济转换，特别是对于企业销售型的微信。我知道有一个账号，它大概只有300个粉丝，但它卖谷歌眼镜卖得不错，卖了19副，这样的转化率就非常高。

所以整体上看，我们要关注粉丝数，也要关注打开率，更要关注转化率。

谢玉琳（克莱蒂珠宝品牌总监）：微信阅读与转发率目前均值在多少是正常的？一般而言全天阅读峰值在什么时段？转发率最高的是什么时段？

沈阳：我们统计过微信的阅读数和粉丝数的比例，比如说头条阅读是1万左右，那么它的粉丝数可能在10万左右，这个比例是最好的；如果说粉丝数在10万，但它的头条阅读在 5000，这样的话就相对弱一点；如果阅读数是 3000，这种情况也很普遍；如果是低于 3000，那么这个账号就可能有问题。

如果你想知道某个品牌微信公众号的整体阅读量，可以使用新媒体指数，比如在 www.gsdata.cn 中搜索"华为"，就能知道其阅读总数，超过 2 亿 +，而联想也是 2 亿 +，微软是 632 万 +，这是目前互联网中唯一能公开查询的公众号总阅读数据。

杜晓颖：现在网络剽窃很猖狂，有什么办法能更快地反剽窃和转载文档检测？

沈阳：做反剽窃和转载文档的检测，其实只需要相关的技术就能实现，我们可以非常方便地进行比对，这也是非常有前景的微信研发方向，我们也考虑争取在这方面做一些努力。查文章是不是抄袭的，我在这个领域申请过三项专利，今后我会继续努力。

新媒体不断地被重新定义

杜晓颖：传统媒体的优势是原创内容和权威性、公信力，缺少的是灵活和个性，不注重用户体验。反之，现在新媒体发展迅速，你觉得新媒体未来会代替传统媒体吗？

沈阳：新媒体和传统媒体的概念都是相对的，传统媒体的含义也在变化，像门户网站，原来我们觉得它们是新媒体，但现在去看这些门户网站，如果不变革，它们也成了传统媒体。再比如说，如果你在玩微博、微信，如果还是传统媒体思维，不跟用户进行互动，其实这只是传统媒体的一种形式。所以传统媒体跟新媒体之间，内涵和外延都在不断变化。如果 2015 年下半年认为苹果手表是一种新媒体，2016 年或许无人机就是一种新媒体了。

双管齐下，订阅号、服务号一个都不能少

李燕：沈老师，你刚才提到了销售转化率的问题，对于拥有订阅号和服务号的企业来说，订阅号很难实现销售转化，双号之间应该是一种什么样的关系？运营订阅号价值还大吗？

沈阳：我个人觉得订阅号主要的作用是发布信息，其次是导流。当粉丝比较

多的时候，你可以进行一些导流，比如导流到你的网站上，甚至企业的订阅号也可以作为一个媒体来独立运营，这也是一种可能的方向。对于服务号而言，它可以直接进行销售。双号之间是一种互补的关系。

我个人觉得，运营订阅号价值还是比较大的，因为它毕竟每天都可以推送信息，当然，前提条件是我们需要有比较好的运营团队。订阅号本质上相当于一张报纸，服务号本质上相当于一个信息服务系统。

O2O不是泡沫

杜卫东（广西华晟名置业总经理）：个人觉得，O2O是一个已经形成并在不断被鼓吹的巨大泡沫，沈阳老师，从大数据的角度，你认同吗？

沈阳：我不认为O2O是一个巨大的泡沫，从线上到线下，是互联网逐步发展过程中，对现实社会影响越来越明显时的必然产物。O2O从线上走到线下，实现去中介化，消解我们的传统方式，实际上是非常有价值的。

但是O2O在发展过程中，一定会充满巨大的泡沫，就像当年的"百团大战"到"千团大战"，到今天又恢复到不到100家的团购网站，能够真正生存下来的，到最后可能剩不了几家。

所以中国的任何一个发展中的事物，包括新兴事物都是类似的：产生概念——出现泡沫——泡沫破灭——回归真实，最后回归到真正有竞争力的企业状况中去。

热点事件的共性

杜晓颖：我看到你的微博中，也一直在关注着各种热点事件，这些事件的共性是什么？

沈阳：热点事件的共性有这几个特点：第一，思想意识形态方面的左右对攻，非常容易成为舆论的热点。比如，加多宝的吃鳖事件，它跟@作业本做了一次互动，结果引发了网友的围攻。

第二，对于公权力的一些滥用，反腐的监督，非常容易形成热点。

第三，释放疲惫心态的一些社会现象，像"世界那么大，我想出去看看"之类的事件也非常容易火爆。

第四，就是大家都普遍了解的一些情况，突然制造出给大家造成认知震撼的一些消息，容易成为热点事件。

微信广告是一把双刃剑

杜晓颖：近几天，微信又公布了最新版本，有更多功能，他们要实现这些功能，靠什么？你认为需着重开发哪些功能，才能更好地抓住用户？

沈阳：我个人觉得微信的功能现在已经比较臃肿了，官方推出的东西和用户关心的东西不一定是一致的，我希望微信不要太多地打扰用户，这样才能延缓微信衰老的速度。我们用微信用得最多的就是它的点对点通信，在这个点上我觉得微信一定要保护好。

第二就是在朋友圈当中不要插这么多广告。广告多了之后，朋友圈很少看了，因为没有办法看，广告太多了。

从整体上来看，微信官方今年主打的是智慧民生，我最关心的是认识人——在微信上认识人。

杜晓颖：正好想问：你如何看待微信在朋友圈群发的广告？听说企业在微信投放的广告费用非常高。

沈阳：朋友圈当中的微信广告投放是把双刃剑，部分网民有时会恶搞一下，当时还很兴奋，但是其实这股新鲜劲很快就会过去。如果企业操作不当，把这种广告出现在用户的信息流当中，用户是很反感的。我整体上不太赞成企业广告过度地介入用户的朋友圈信息流中，除非他自己订阅了你的账号，乐意接受你的广告。

我觉得大家有点高估朋友圈的广告效果，大家觉得它会产生一个品牌效应，整体上现在只要你跟微信搭载，好像都很火，所以大家会觉得有价值，但是我个人是持保留态度的。

如何融合传统媒体与新媒体

杜晓颖：企业对传统媒体与新媒体如何应用？如何做到有效融合？

沈阳：我个人觉得在新媒体方面配置要更多一些，在传统媒体的配置方面可以减少。企业如果要做到传统媒体和新媒体的融合，首先还是观念上要做一些融合，再就是我们在内容生产方面要做一些融合，当然我特别强调内容生产优先面向移动端，在考虑好移动端的情况下，再去考虑传统媒体。

垂直平台与社群经济

谢玉琳（克莱蒂珠宝品牌总监）：如何看待垂直平台与社群经济？如果说垂直平台按品类垂直为用户提供的价值过于单一，是否可以考虑以用户需求垂直，通过横向跨界形成更加宽泛的以目标用户需求为中心的垂直？

沈阳：最后一个比较拗口的问题，我个人觉得可以简化一下。在社群当中我们的目标非常精准，我们可以打造一个个爆款，同时把这多个爆款组合在一起，形成一个垂直用户的产品包。针对这个产品包进行开发，这是社群经济运营的核心。所以对于企业来说，它不太可能针对某一个特定群体打造出无数的或者说比较多的爆款，那么它可能需要做产品链上的连接，需要做一个生态和联盟，来满足社区的垂直用户。所以从这个角度来说，每个企业还是要把自己最擅长的东西做好，这样才能真正增加粉丝的黏性，在某一个产品上达到极致。

互联网时代，你 90% 的广告费都浪费了！

作者简介： 李光斗，中国品牌第一人，中央电视台品牌顾问，著名品牌战略专家，品牌竞争力学派创始人，华盛智业李光斗品牌营销机构创始人。

"我知道我的广告费有一半浪费了，问题是我不知道哪一半被浪费了。"这是美国百货公司之父约翰·华纳梅克的名言，他戳中了所有企业主广告投入的心中之痛，后被称为"华纳梅克浪费率"。这个定律道出了广告效果的不可测性。移动互联网时代到来，媒介分散化、信息碎片化、消费个性化……导致快消品行业广告的浪费率不是 50%，而是高达 90%，移动互联网时代"华纳梅克浪费率"再创新高。

不过，"华纳梅克浪费率"的存在并没有动摇广大企业主希望通过广告塑造强势品牌的信心。在传统媒体时代，报纸、电视、广播、杂志、户外组成了大众传播的通路，但即使在如此高的媒介聚焦能力下，广告投放中依然有 50% 被浪费。当互联网媒介兴起，以高活跃度、低成本、广告效果可评估的优势极大侵蚀了传统媒介的广告生存空间，可广告主一股脑将广告投放涌向互联网媒介后才发现，虽然互联网传播声量提高了，但产品销量却在原地踏步。而今，移动互联网时代到来，互联网媒介进一步碎片化，广告主又开始追随社会化媒介、节目植入、自媒体。

广告经历从电视媒体到互联网媒体，而后到移动互联网媒体三个阶段的进化，每一次进化媒介都向碎片化、分散化更进一步。媒介不断分散的背后，品牌建设的成本不断攀升，要让广告覆盖更大范围的人群，需要进行多平台和媒介的组合传播。更多媒介的组合购买便意味着更高的"华纳梅克浪费率"。

📱 网络传播中的伪命题

当传播媒介进化到网络时代，万花筒般的互联网迅速侵蚀受电视、杂志、报刊等传统媒介影响的群体。信息传播的通路变多，互联网成为一个有数以万计传播通路的信息中心、资讯中心、娱乐中心。而且人们的信息接收模式主动性进一步增强，互联网的信息主动搜索模式对传统媒介进行了残酷的降维打击。消费者也通过互联网建立了自己的信任模式，比如通过论坛、网络意见领袖来了解品牌信息、产品信息，传播变得更加复杂多元。

由于信息传播环境的开放、传播通路的多元、传播受众信息接收模式的变化，使得"华纳梅克浪费率"在互联网时代进一步提升。这一观点通过讨论互联网传播的两个伪命题可以证明。

第一个伪命题是：互联网广告的达到率和销售量呈正相关？在电视为尊的时代，广告的到达量和产品的销售量呈现正相关，也就是广告被越多的人看到，产品的销量就会越高。但是，互联网广告的达到率和销量呈负相关的可能性相比电视为尊的时代大幅增加，因为互联网将品牌和产品信息置身于一个全景开放的环境之中，互联网广告在让消费者"知道"方面颇具功效，但在让消费者"信任"和"购买"方面却愈加式微。在买卖双方信息趋于对称的传播环境下，消费者进行产品对比和测评的成本变低，因此"知道"但不去购买的概率增加。

第二个伪命题便是：互联网广告的传播比传统广告更加精准、有效？在大数据热潮中，互联网媒介企业会宣扬大数据技术在广告传播中的贯穿应用，大数据可以通过记录消费者在网络平台上的搜索、浏览、购买数据，然后进行相关的广告信息匹配和推送，从而得出互联网广告更加精准的结论。但实际上互联网广告的精准传播是一个伪命题，在互联网海量信息中，受众在开启主动信息搜索模式时处于一种目的非常明确的状态，即使是在无聊的网络漫步时间，其心智也会对不相干信息进行选择性屏蔽。此外，由于互联网平台自身的生存压力，越来越多的以广告为收入的网络平台改变商业模式，开始通过内容售卖和屏蔽广告来增加营收，例如网络视频平台现在基本全部开始付费点播和售卖无广告视频时段。最后，最重要的一点是，由于网络平台频道无数，每个平台能够聚集的受众群体有限，广告主要进行全网络广告覆盖就需要购买大量的广告平台进行组合传播，这和电视为尊的时代去央视这种强势媒体花一大笔钱买一种媒介相比，其实网络媒介的组合传播成本更高。

广告资本催生真人秀

当传播媒介进化到移动互联网时代，PC 端媒介也成为夕阳晚景，传播更加分散化，媒介衍生出更多的形态、更多的样式，自媒体、社群、真人秀节目更加纷繁复杂。而在移动互联网时代，真人秀节目成为企业主看好的传播媒介。

真人秀节目贴近人们的生活，由于广告资本的催生，各式各样的真人秀节目层出不穷，内容涉及演艺竞技、婚恋、求职、亲子、演讲、智力比拼等，颇具吸附能力。借助互联网平台优势，似乎传统电视制作又找到了起死回生之道。

作为广告媒介，电视真人秀节目其硬广所占比例极小，其中绝大部分的广告为软性广告，以冠名、道具植入、情景植入、台词植入等形式出现；而且伴随移动互联网媒介平台进一步剧增，受众注意力出现了更加分散化的趋势，超过一半比例的广告主选择增加软性广告的投放。以《爸爸去哪儿》为例，其第三季整体招标吸金 12 亿元，其中广告冠名占到了 5 亿元。

视频真人秀节目的收视率高，并不意味着节目中植入的广告信息、品牌信息就能收到预期效果；而在媒介分散背景下，对广告的企业主而言，也存在着慌了神、有病乱吃药的心理。和硬性广告不同的是，节目广告软性植入效果的评价更加困难，需要考虑的变量也更加多元，节目中的广告植入效果难以测量。此外，节目中的广告植入需要平衡广告内容和节目内容，广告信息的曝光时长、曝光频次、软硬的程度都成为广告信息植入的关键因素。在广告效果存疑的情况下，由于真人秀节目的收视率不错，从而真人秀节目的广告招商价格也令人咋舌，《爸爸去哪儿》第三季的广告招商中的三条互动广告最高价达 3800 万元/条，最低则为 2399 万元/条。

强迫注意的生活流媒体或成广告传播新出路

由于传播媒介的进化，其每往前演进一步，传播的环境就会趋于"恶化"一步，传播通路增多、信息分散、受众注意力分散，从而致使信息更加趋于对称。这种媒介进化的趋势于社会整体而言会推动社会向决策多元化方向演化，垄断和霸权趋于瓦解。但这种趋势，于广告传播的传播效果而言是十分不利的，广告传播效果会因为网络传播媒介的演进而越发式微。

那么，广告传播的新大陆在哪里呢？人们对变化的事物总是紧紧追随，而对不变的事物却逐渐适应、习以为常。优势的广告传播媒介需要去这个人类社会不变的地方去找，虽然我们在网络世界里流转，但对于都市一族而言，线下的生活圈却相当有限，这些地方我们屈指可数，写字楼、家、影院、超市。城市人口的聚集生活和工作，让城市一族的生活空间更多地在这几个地方流转。写字楼是谋求生存的地方，公寓是生活的地方，超市则是谋求生活资源的必经之地，而影院则是释放城市生活压力和烦恼之地。

在受众注意力碎片化和媒介多元化的背景下，陌生人聚集的封闭空间为广告信息从传播上找到了突破口。2015年，中国广告花费增长最快的是影院视频广告，达到63.8%；互联网广告居第二，达到22%；第三名是电梯电视广告，增量率达到17.1%。其中，影院广告的增长与中国电影行业产值逐年成倍增长有关，但主要的原因是精明的广告主看中影院封闭的广告传播环境有使受众注意力被强迫聚焦的效果。与影院广告传播效果获认可相同，电梯广告媒介的封闭环境、强迫注意特征也成为销售转化率可保证的优质媒介资源而受到广告主，尤其是互联网广告主的青睐。

不变的地方才是广告传播的好地方，这是因为开放的环境不利于广告信息的传播，广告传播的效果和广告媒介的开放程度呈负相关，也就是广告媒介的开放程度越低广告的传播效果越好。所以传播媒介应该向都市一族的生活圈深度植入。

网络环境存在瞬息万变、移步换景的可能，但都市人的生活空间却相对固定，成了进行广告强迫传播最适宜的环境。

连接变局

电商就是买流量？错！现在是场景驱动时代

作者简介： 肖明超，商业趋势观察家，北京航空航天大学、昆明理工大学特聘教授，昆明国家广告产业试点园区首席顾问，"彩云之南，创意之滇"创客大赛组委会秘书长。长期致力于新趋势的研究与整合营销实战。微信公众号"肖明超－趋势观察"拥有数十万行业精英级粉丝。

互联网出现以后，媒体传播的环境变得越来越复杂，所有的品牌都在思考如何去拥抱新的数字媒体，以及利用数字营销与用户实现更加互动化和更具亲和力的沟通。但是，新的媒体与技术总是存在很多未知的迷雾，以致于很多传统企业都产生了"互联网焦虑"——不投身互联网显得不够时髦，投身互联网却发现面对信息的汪洋大海，常常无所适从。

作为传统企业所膜拜的对象——互联网公司，却与传统企业的做法相反，他们开始在线下进行大量的营销传播，并且取得了不错的效果。尤其是一些电商平台，这两年都明显加大了在线下媒体的投放力度——当你走到写字楼或公寓楼电梯，你会看到越来越多的电商平台在电梯电视和电梯海报上投放广告。

这个现象背后说明了什么？

首先，电商不仅需要流量，更需要生活场景的实时触发。因此，电商平台不仅需要知名度，更需要与人们生活场景关联驱动的转化率，而选择跻身于人们生活圈中的媒体平台，可以在特定的场景中触发消费行为。比如，人们在写字楼场景中看到"饿了么"，很可能到办公室的时候就会产生直接的消费。

其次，线下电梯媒体更有助于电商品牌的建设。电商平台需不需要品牌？答案是肯定的，如果电商仅仅是一个"产品交易平台"，而不能成为一个"生活中信赖的服务品牌"，再多的流量也只能是一时的火热，解决不了长期的信任和黏性，而打造品牌必须进入消费者的生活视野，线下媒体自然成为电商建设品牌价值的首选。

电商的竞争从"流量经济"到"场景经济"时代

很多电商平台更多的是依靠流量和促销来驱动用户，或者选择一些更加精准的广告投放来驱动消费转化。而对于这些消费者在互联网上已经非常熟悉的电商平台，他们不仅仅需要流量，更需要的是进入消费场景。

例如，用户在上下班的生活轨迹中，在生活场景的切换中，当他看到了某个富有吸引力的电商广告，他可能会产生一种即刻下单的冲动，而移动互联网的随身性和便捷性，让这种链接变得更短，这种链接不再是简单的流量覆盖，更是基于消费者生活场景的触发。

线下媒体的入口可以更好地提升电商品牌价值

线上媒体创造了大量的人气，那么如何将线上的人气转换到线下引爆？用户对于品牌的感知一定是依托于产品在真实生活中的角色扮演、一种存在感和介入感，仅仅依靠点击和交易并不能促进用户对一个电商品牌的长期信任。如果产品或是品牌能够在用户生活空间的伴随性轨迹中产生影响，对于电商而言将触发一种更加高效的品牌交易行为。

电梯媒体更利于促进流量的转化

传统的品牌和产品需要线下渠道的介入，因此，大量广告覆盖后，消费者的转化存在一定的滞后性，而电商平台直接面对用户，因此，通过线下电梯媒体的广告投放，可以迅速获得转化率。

从流量经济到场景经济的升级，从线上单线作战与利用线下媒体的融合互补，通过电梯媒体促进流量的转换，这些都将成为未来电商营销的新趋势，而具备这三方面优势的媒体也将成为最具驱动消费者行动力的媒体。

深扒一下电梯背后的商业逻辑

作者简介：王冠雄，著名观察家，中国十大自媒体人之一。主持和参与 4 次 IPO，传统企业"互联网 +"转型教练。

古往今来，商业从来都是一个高智力的游戏。

你必须看到需求，看到产出，看到成本，看到流通，还要看到与购买者的连接。所有商业的本质都是依托于供需链搭建起的一个结构。而区别在于有的结构简单，有的结构复杂而精巧。

我听很多创业者说，互联网时代就是"一招鲜吃遍天"，找对一个痛点就什么都有了。

这可能在某种程度上是对的，但以这种模式打造的商业结构发展前景几乎不大。富有远见的企业家总是看得更远、更深，总是用化繁为简的思维去搭建精致的商业模型。

比如说分众。

分众经常让很多人不解。为什么电梯媒体这个看起来高度垂直的领域，可以成就分众成为中国第二大媒体集团？我认为核心之一就在于江南春找到了准确的供需链接，并且用几对链接搭建起了独树一帜的分众结构。

电梯媒体的商业秘密是什么？今天我来给你深扒一下。

无聊的人和寂寞的电梯：电梯媒体如何让信息与人发生关系

电梯媒体的第一个供需链，是现代生活与信息点的连接。

有人问过我，为什么我要在电梯里看广告？随后我反问了一句，你确定你在电梯里不会看广告？

高速发展的现代生活，已经把人类彻底变成了信息爆炸的赋能体。我们始终都在不断地接收信息，并且被高速的资讯灌入调配成强接收模式。

无论生活还是工作，接收、筛选并对信息做出反馈已经成为现代人的基本生存状态。但偏偏有一个场景，人难以接受任何资讯而又无所事事——电梯。

电梯时间的凸显，是工业化生活推进和互联网高度普及的必然结果。一方面人类在本能地抵制信息碎片化，但另一方面人类已经无法脱离信息碎片化。长时间处在信息交会状态下，突然进入了隔绝状态，会产生相当程度的身心不适。很多所谓密闭恐惧症就是这样来的。

虽然看起来很搞笑，但事实就是人类需要在头脑一片空白的电梯里读点什么。有人说电梯媒体的投放让受众无从选择，实际上无从选择的信息也比缺乏信息更能让人舒服。

在资讯模式多元化、碎片化、信息过载、选择过多的移动互联网时代，回公寓楼，上班去写字楼是城市消费者无法选择的，分众在消费者必经的、封闭的、低干扰的电梯场景中投放广告，实际上是适应了现代生活的一种真实需求：需要信息，需要经历分发点，需要与世界的连接。

我们活在信息爆炸的世界中，却每天都能听见有人感叹无聊。这种无聊就是一种需要，而电梯是这种需要的放大镜，分众所做的，是收割了这条被放大的供需链。

电梯会做选择题：分众如何引爆主流人群

电梯媒体的第二个供需链，是消费阶层与消费空间的连接。

为什么分众敢说"引爆主流投分众"？这里有个略带悲哀但却相当真实的原因，就是中国的主流城市消费者基本约等于电梯使用者。

而电梯恰恰就是一个天然的定位器，基本锁定了用户的核心生活空间：

第一，城市公寓和写字楼。这两个空间场景就锁死了电梯媒体的对应消费阶层是正值22岁～45岁为主的白领、金领、商务人士，高频使用电梯。

第二，一、二线城市人口。三线城市以下地区电梯普及率还有待提高。

第三，稳定良性的收入。这一点由拥有住宅和稳定工作推导而来。

由此，分众的电梯媒体模式就连接住了一个固定的消费阶层——城市主流人群。这些白领、金领、商务人群、中产阶级是引领消费升级的核心人群，愿意为品质、品位、创新、潮流付出溢价，相信品牌并且是品牌消费的意见领袖和口碑冠军，更具消费的风向标意义。而这些城市主流人群已逐渐远离了今天的电视媒体，这也是阿里、腾讯、京东、滴滴等超过 5000 个品牌都选择分众电梯媒体的原因，而全球最大的广告集团 WPP 所做的 Brandz 品牌调研显示的中国前 100 大传统客户中，81% 选择分众电梯媒体。

所有对于消费、服务升级、高科技产品、互联网 + 这些面向城市主流人群的新经济品牌，分众具有极强的品牌引爆能力。最近几年崛起的神州租车、饿了么、小米手机等许多新兴品牌选择把主要广告都投入在用户没有选择的必经的电梯媒体上，形成强制性高频次的到达，使品牌知名度、认知度得到迅速引爆，从而为主流消费群体所熟知。

被粉尘化的广告价值：广告主如何重新黏合自己

电梯媒体的第三个供需链，是广告主和广告价值的连接。

我们都熟知广告，也知道如今的社会空间里充斥着千奇百怪、极尽巧思的广告。但是在信息粉尘化时代彻底到来的时刻，必须承认，互联网已预警广告正在快速失效。

我常说出来混总是要卖的，任何以覆盖率说事儿却无法引爆品牌的营销都是耍流氓。

广告业的巅峰，就是电视广告统治世界的时候，那时没有几个频道，家家户户看电视，导致一些广告语，比如"吃嘛嘛香"都能成为整个社会传播率最高的流行语。

但互联网让这一切都失效了。网络电视时代有成百上千个频道可以选择，有几百万小时的内容可以挑选，没人再有闲情雅致静下来看广告。即时通信、社交网络、网络视频更是如此，人类的核心注意力都被吸走，消费者在移动互联网上具有主动选择权，对广告往往选择性忽略，大脑里几乎不会给广告留下影响空间。对于社交媒体、新闻客户端，用户主要是来看内容的，很少留意和记忆广告，广告主最应该做的是公关内容植入，创造可以被传播的话题。

不客气地说，这是广告的"天人五衰"时代。广告必须适应时代，重新找回自己。然而路漫漫其修远，广告重回主流很难在短期内实现。

作者简介： 肖明超，商业趋势观察家，北京航空航天大学、昆明理工大学特聘教授，昆明国家广告产业试点园区首席顾问，"彩云之南，创意之滇"创客大赛组委会秘书长。长期致力于新趋势的研究与整合营销实战。微信公众号"肖明超－趋势观察"拥有数十万行业精英级粉丝。

"互联网＋"成为当下最受关注的热点话题，一时间各个行业都开始思索如何"互联网＋"，品牌传播如何"互联网＋"。现在有一个比较普遍的现象是，众多传统企业纷纷向互联网进军和转型，即便商业模式不能迅速转型，至少也要加大互联网营销预算，以在互联网上进行品牌占位。但值得关注的是，那些有着纯正血统的互联网公司，却又在加大线下传播的力度，这也充分说明了"互联网＋"不仅意味着"增加"，更代表了"融合"，虚拟空间和现实空间需要更为有机的协调和协同。

互联网品牌也需要线下平台增强感知

在近两年的春节联欢晚会上，很多互联网企业成为广告投放大户，像阿里巴巴、360、小米等都将品牌推广扩展到线下传统媒体，希望加大更多人群的覆盖，捕获更多线下用户，提升品牌知名度和转化率。

互联网企业在品牌传播和扩散上本身有着天然的优势，但在虚拟的网络平台上，未必能实现品牌与消费者间更多的情感连接和价值感的打造。因此，投放融入消费者生活的线下媒体，可以更为直接地触达消费者对于品牌的认知与共鸣。例如，韩都衣舍就加大了户外媒体的投放，按照其创始人赵迎光的说法，韩都衣舍这样的互联网品牌也需要更大的"品牌势能"，而品牌势能仅仅靠线上的传播和流量还是不够的。

互联网品牌除了依托线下媒体传播外，进入线下渠道，开设体验店也成为新的趋势。例如，阿芙精油在互联网上炒得一片火热之后，这几年也在拓展线下专柜，创始人雕爷也曾说，品牌是需要体验的，如果只存在于虚拟空间是不够的。

这些例子，都在说明在互联网空间生存的品牌，如果需要被更多的人感知，必须走进消费者的生活空间，与消费者构建更加真实的体验，线下的体验和传播无疑是互联网公司新的疆土。

线下广告让品牌营销更具行动力

互联网公司选择加大线下广告的投放，不仅可激发消费者在特定空间环境的行动力，也更容易形成品牌的流行效应。有很多互联网品牌，只是在特定的互联网空间流行，或者仅仅只在小众群体里流行，如果要面向更大、更主流的人群，它们需要更大规模的媒体覆盖。

比如小米手机一直以来都以社交媒体、话题炒作、内容营销、粉丝运营被津津乐道，但值得关注的是，小米不仅投放电视媒体，还每年在白领集中的电梯媒体上花费上亿元的广告费，为什么小米要这样做？社交媒体帮助品牌引爆话题和形成内容，打造出一定品牌知名度之后，品牌还需要提升品牌资产，要让更多主流人群认为这个品牌是一个融入生活的品牌，因此电梯媒体这样的渠道对于小米就有了新的价值：社交媒体引爆话题 + 线下广告包围主流人群，让传播更加立体化。

社交媒体必须融合线下传播才更有效果

很多企业都在谈社交媒体营销，实际上要想做出好的社交媒体话题并不容易，首先必须要有好的内容，还要结合消费者生活热点，要想引爆的话，还得有明星的介入。例如，神州专车的火爆也少不了海清和吴秀波的明星效应。因此，社交媒体营销不能单线作战，与可以打中规模化人群的媒体整合，能够实现更好的效果。因为消费者的生活路线和轨迹相对稳定，而路线、轨迹与空间的结合，可以更好地覆盖主流人群。因此，品牌营销最终的模式还是需要线上和线下结合，在线上做互动、做话题、做娱乐，在线下可以用规模化的媒体做出口，这样线上线下进行更好的连接，这也是互联网公司纷纷投放线下广告的主要原因之一。

移动互联网，使营销空间立体化

曾有很多人担心，在移动互联网时代，传统媒体将会越加被动或处于窘境。而事实证明并非如此，在信息高度碎片化的移动互联网时代，部分以空间为代表的线下媒体反而成为较为集中的媒体平台。像京东、天猫、滴滴打车、脉脉、人人贷，这些都是近几年在电梯媒体上不断出现的互联网公司，这些品牌与白领群体生活场景高度融入，自然就产生了较好的效果。

众多的互联网公司在线下广告的案例说明，当人们的时间被各种碎片化的信息和内容所充斥，传播需要找到人们的位置和生活轨迹，借由空间的入口冲散时间分散的入口，品牌才能更好地与消费者共鸣。

新媒体变局

企业自媒体要学会说人话

群访嘉宾： 青龙老贼，蓝莓会理事，蓝莓十二郎之一，WeMedia
自媒体联盟创始人，易赞董事长，移动互联网资深分
析师，微信产品专家，微信运营专家。著有《微信终
极秘籍》《玩转微信》等畅销书。

主持人： 李燕，万达快钱高级公关经理。

📱 企业自媒体应放低姿态做自己

李燕： 近两年中国企业自媒体呈井喷式发展态势，2014年堪称"中国企业自媒体元年"，你怎么评价企业自媒体发展现状？

青龙老贼： 在我看来，在微博兴起的时候就有企业自媒体这个概念，很多企业都去做自己的官博，可能是自己组建团队，也可能是找外包公司代运营，作为企业对外品牌宣传的一个窗口，这个变化在以前是没有的。以前更多的企业是通过传统媒体发声，从来没有一个企业能够有一块自己的阵地，对外宣传自己的品牌。

从微博开始，这个趋势就已经形成并逐步风生水起，只是很多企业还没有意识到这是一种本质的变化。到了微信时代，突然发现微信比微博能够做得更好，一方面是可以一对多精准地传递信息，另一方面还可以通过微信来掌握用户和渠道。也就是说，原来微博是单向互动，但是微信，公众号也好，朋友圈也罢，是一种双向互动、双向关注的关系，它的关系要比微博更进一步。在微信时代，企业的媒体化，在技术和工具方面要比以前前进了一大步。

同时，随着社会化媒体的发展，无论是个人，还是一个机构、企业，只要能够生产内容，并且是通过互联网工具跟这个世界连接的，都是一个媒体。

何君毅（恒源祥家用纺织品有限公司副总经理）：现在微信公众号可谓越来越泛滥，如何才能脱颖而出？

青龙老贼：从微信公众号开始，不管是个人还是企业，都在问"公众号那么多，我运营的这个公众号如何才能够脱颖而出"？

在我看来，首先，账号的定位要搞清楚。企业的自媒体，它承担的功能无外乎几个：品牌宣传、管理用户及进一步做销售。在这方面，市场营销管理人员和媒体人更关心的是品牌宣传，但做的时候要想清楚你的品牌对用户的定位。

比如说恒源祥家纺，在"70后""80后"这些人的脑海里是一种形象，但是在"90后""00后"，即现在移动互联网的主流人群里，根本就没有任何印象。这样的话，像恒源祥家纺这样的公众号去做微信运营的时候，想要脱颖而出，就完全可以重新包装一个新的形象。这个形象应该更贴近微信上最活跃的用户，但不一定是你原来线下的传统用户。在微信上要跟用户做一些真正交心的沟通，而不是做标题党或者发心灵鸡汤。纯粹为了增加粉丝，纯粹为了数据而做，这样很难脱颖而出。真正脱颖而出的微信公众号肯定存在着有个性、有感情色彩或者人文色彩的元素。

最近微信正严厉打击盗版，鼓励原创。虽然公众号很泛滥，但是真正有价值的或者说能够让人记忆深刻的并不多。所以我觉得，每个公众号运营者，无论是做微信、微博，还是做其他的社会化媒体，要放低自己的姿态，做出自己的风格。这个风格绝对不是说我今天去学小米，明天去学罗辑思维，或者说出现热点就跟风，这样不会形成你个人的风格。

所以，企业做自媒体想要脱颖而出，首先一点就是讲人话，但这个"人话"是你自己的人话，是真心话，并非我们平时所说的接地气。很多人认为接地气就是拼命地去做一些段子、笑话，能够吸引用户来看，形成一定的数据量，但实际上这样做，品牌理念不能送达真正想要的用户。

前两天我去参加上汽 MG 的一个讨论会，当时上汽负责公关的老总发言，其理念跟我们的看法比较一致。他说上汽在做社会化传播的时候，并不是推 MG 的品牌，或者推自己的产品，更多的是要传递一种生活方式，传递一种价值观。不要太在意用户数，如果你有 1000 个或者 2000 个真正认同你的价值，认同这个品牌的粉丝，然后你能够传递给他们真正有价值的内容，这些内容他们真的很喜欢，他们就会帮你传播，帮你扩散，也就是我们常说的口碑传播。尽管这样做难度很大，但如果你做不到这一点，就很难脱颖而出。

唐挺（途家网公共关系总监）： 老贼，你觉得企业在微信传播上应该采取什么样的策略？企业自媒体和外部资源如何联动？有没有你认为不错的案例跟我们分享一下？

青龙老贼： 关于企业在微信传播上的策略，如果你自己企业的品牌，或者自身的社会化媒体传播还不是很给力，肯定要借助第三方渠道帮你去进行传播。

在传播的时候，选择渠道也要看需求是什么，比如有的可能是在行业内进行传播，这个就偏公关一些，更多是找行业内的自媒体来帮助你一起做互动。如果说你想面对潜在用户，或者现在的目标用户，就要跨过这个行业，找一些非行业内的账号。

在传播上，我一直坚持的一点就是把做内容作为重中之重。比如说咱们的KPI 到底是什么？是需要这篇文章宣传产品，还是需要这篇文章的内容引起用户的共鸣，引发用户的分享？我相信所有人都会说希望是后者，但是我跟很多朋友交流，真正实施的时候，发现大家会选择前者，这是很矛盾的事情。

我跟克莱斯勒有过合作，给他们的 JEEP 越野车做一个试驾体验。当时他们破天荒地找了科技行业的自媒体人，希望这些人写点内容进行传播。我当时写了六篇文章，但几乎没有写车的内容，因为我不懂车，而且我是第一次开越野车。我写得更多的是在整个试驾过程中的心路经历，开的是车走的是心。一方面是对自己试驾过程的描述，还有通过试驾越野车这个过程挑战自己的极限，去体验一种新的车和人的生活，给自己带来的一些感悟，等等。六篇文章中最多四五个"JEEP"的字样，但最后这些文章发出去，传播范围非常广，直到现在还有很多我的粉丝对此印象深刻，甚至还有些粉丝是因为看了那篇文章之后，选择 JEEP 这个品牌。

所以说企业跟外面自媒体的合作，第一是要选择正确的渠道，但不一定是粉丝多就合适，有意见领袖代言就万事大吉，而是这个自媒体要了解你的产品，真正喜欢你的产品；第二是这个自媒体人做出来的内容是发自内心的，是跟他的粉丝、用户生活、工作或者说周边能够有连接的，然后在这种连接中能够传递出这个品牌或者产品的价值。尽量不要规定自媒体人要写什么方向，如果变成命题作文其实会很难写。

刘聪聪（2015年任洋河股份公关负责人）： 在企业自媒体传播中，企业文化内容和品牌创意传播的比重如何控制？

青龙老贼： 作为一个企业自媒体，如果针对的受众是用户，企业文化的内容要尽量少，基本上可以忽略。因为用户不会关心企业的老板是谁，也不关心企业得了什么行业大奖，除非是上市的公司，有很多用户买了企业的股票，如果发一些重大利好消息，他们可能会很高兴。除此之外，我觉得没有用户会关心企业领导今天参加了什么活动，或者企业今天做了什么很牛的事，这跟他们没有关系。

对于用户来说，他们需要的可能是对你的产品有更多的了解，对你的品牌有更多的了解，你的自媒体能够给他们提供什么优惠，比如说活动或者是一些其他的服务，这可能是受用户更欢迎的。

乔晓蕊（蓝莓会华北总经理、华北秘书长）： 出于整合等因素考虑，多个子品牌共用一个企业自媒体公众号，面对目标受众不一样，而且年龄跨度很大的人群，在传播中应该保有品牌本身的态度来宣传，还是一个账号只有一种风格更好？

青龙老贼： 如果是多个子品牌，千万不要共用一个自媒体公众号。比如说伊利集团下面有很多子品牌，每个子品牌针对不同的用户，产品不一样，品牌的属性也不一样，代言人就不能一样。如果做同一个公众号，就没有准确定位。我建议伊利集团当前的账号，只能给企业自身的领导层看，也就是作为内刊来运营，或者向企业的投资人推送信息。每一个产品的子品牌，要单做一个公众号，这个账号是给消费者看的。

这些账号之间可以进行一些互导。比如说你们有专门给孩子喝的牛奶，但订阅那个账号的人肯定不是孩子，而是他们的父母。这时候，如果你们有一款牛奶是给老人喝的，也可以在上面推一下，因为购买的人群几乎是相同的，你可以导一定流量过去。

在整个移动互联网的发展过程中，我们会发现媒体越来越垂直，越来越细分，消费者在获取内容方面也越来越碎片化、精细化。所以，如果一个账号去做多个子品牌的内容，对于用户来说，就是给他很多的选择，选择越多干扰就会越多，用户可能会因为这种干扰而取消关注。所以我建议，你们的子品牌应该独立做自己的账号。

最牛的营销就是把你的用户变成销售员

唐挺：我认为自媒体联盟的自媒体人，绝大部分是行业观察者，其实对这类内容感兴趣的都是行业从业人员，会让人产生"自娱自乐"的感觉。反而一些娱乐性、新闻性和推送段子的账号，动辄就有几万的阅读量。到底哪种自媒体更有价值，比如类似途家这种企业，需要扩大公众知名度，应该怎么选择？

青龙老贼：我觉得这里面有三类账号：一类是服务企业的，就是唐挺说的行业观察者，这类账号说它是"自娱自乐"也可以，反正就是写公关软文的，我觉得这类账号有它的存在价值。因为企业也需要在行业内有声音，甚至有些企业需要融资造势，或者发布一些利好消息，需要通过这些渠道推送。

另外两类大家可能会把它们归纳为草根号，也就是做 to C 的。但这两类号中一种是做转载的、做段子的、做笑话的，或者说娱乐、生活类的草根号，在我看来，这还是延续原来 PC 端的玩法，就是做流量，而流量通过广告来转化。所以，很多这种大号的收入还是很不错的。

另外一种也是发布段子、搞笑或者生活类的内容，但他们会结合账号属性做得更精细。比如，最近"十万个冷笑话"都已经做游戏了，其实原来就是微博上的一个段子号，后来开始做 APP，现在开始做游戏。他们通过垂直细分的内容吸引海量用户，然后发掘这些用户的价值，进而产品化，甚至平台化，这时候就会有很高的价值显现出来。

在 WeMedia 联盟，我们会更看好一些垂直细分的 to C 账号，因为我们觉得这一类账号能够成为一些小而美的垂直类平台。比如说我们联盟里有专门做健身的、专门做钓鱼的、专门做相亲的、专门做宠物的，还有做亲子类的。你们可能永远不会选这类账号来发布稿件，但这类账号日子过得很不错，发展前景也很好，它们不接广告，仅靠跟用户互动，然后去做电商，做一些垂直类的社区进行盈利。而且这种盈利方式非常健康，未来是可持续、可复制、可溢价的。

乔晓蕊： 如何客观评价自媒体内容的质量？个人感觉粉丝数、阅读量及转发量等这些后台可以看到的数据，其实都不能说明我们的"质"，它只能证明我们的"量"。

青龙老贼： 最简单的检验标准就是，你发的内容有没有网友和你互动。这个互动并不是说你发布一个优惠活动，然后让用户回复消息参与的那种，而是你发的一些内容能够引发用户思考，引起用户的共鸣，然后他来跟你交流，甚至跟你分享他的看法，这就是对质的考核。

所以我认为，在自媒体质量考核中，除了阅读数、转发数，还要加一个"消息回复数"。一篇文章发出去以后，能够有多少人及时回复，与你互动，或者说在这篇文章中加一个调查表，有多少人参与调查。这些数据可以更好地考核自媒体的质。如果你把这个调查表放到最后，那你就可以知道多少人看到文末了。现在微信的很多接口是没有开放的，不像微博，只要发一条就可以通过接口知道哪些大号转了，那些大 V 的传播能力会比较强。大号都帮你主动转发，说明你的文章质量的确非常好，但微信现在没有这个接口。

我们的内容用户是否认可，会不会从头看到尾，愿不愿意跟你讨论，愿不愿意与你互动，这是评价自媒体"质"的标准。

李燕： 请从商业模式角度分析一下企业如何利用自媒体搭建一个营销平台？比如企业在面临 APP 和微信公众号之间很难选择，应该如何取舍？

青龙老贼： 很多人想通过企业自媒体搭建，拥有一定的流量和用户之后，做电商平台，卖货盈利，这个想法是可行的。有很多企业，尤其是大型企业，以前的商业模式是通过代理商、渠道商进行商品销售，它们只是负责对大众由上而下的品牌传播，并不特别关心到底谁看到了，跟用户之间不发生直接关系。

所以即便前两年电商很火的时候，很多企业到天猫、京东上去开店，一开就"死"字临头，只得找 TP（通路促销）做代运营。专业 TP 知道怎么去做用户、怎么去做流量、怎么帮企业卖货，但那两年做电商真正赚到钱的也没多少。

在现阶段，有了自媒体这个渠道，给了企业一个机会，企业可以真正跟用户面对面地直接沟通和交互。如果能够很好地把握这个机会，跟用户之间产生一种信任，发生一种比较强的连接，后续要推广、销售自己的产品，就会变得非常简单。

我以前经常强调一个观念，最牛的营销就是把你的用户、客户变成销售源。每一个用户接受你的产品的同时又接受了你的价值观，会自动自发地帮你推广、帮你传播。如果站在消费者角度思考一下，有没有帮其他品牌下意识地做过推广呢？

第二个问题，其实 APP 跟微信公众号是两个完全不同的工具。首先，微信的特点是，可以让用户使用服务的门槛非常低，而 APP 能够让用户在使用服务的过程中有更好的体验，这两者有着本质的不同。所以，并不是做了微信公众号就不要做 APP 了，也不是说我只做 APP，不做微信公众号。

在技术开发上，微信公众号与 APP 的很多技术是可以互用的，对于用户来说，下载一个 APP 的成本肯定远远高于关注一个微信公众号。而且，在 APP 的宣传渠道中大多是应用市场，其购买很难做到精准。但是微信的传播要比应用市场的传播更精准，用户关注了公众号以后，如果他不认可你，取消关注的成本很低，所以说真正能够留下的必定是认可你的价值、认可你的服务的用户。那么，可以在微信公众号引导这些用户去下载你的 APP。

如果说在没有 APP 的前提下，可以考虑先做一个微信公众号，比如说你有 10 个服务，你可以把用户最常用的又很轻的服务放到微信公众号上，对于用户使用频次相对低，但是很重要的一些服务，放到 APP 上。

何瑞娟（负责美赞臣对外事务）： 现在自媒体泛滥，营销费用更是水涨船高，该如何甄选适合的自媒体？甄选维度是什么？

青龙老贼： 真正有价值的自媒体账号还是很少，WeMedia 联盟发展了一年多，我们真正认可的联盟成员其实不到 300 个，因为我们对加入联盟的成员要求非常高。在我们看来，有价值的账号真的不多，所以没有达到泛滥的程度。

费用水涨船高主要有两个原因：一方面是真正有价值的账号就那么几个，大家都在抢夺稀缺资源，这正是所谓需大于供的市场；另一方面，其实有一些很好的账号是存在的，只是客户还没有发现。

我们在 WeMedia 挑选加盟的自媒体人流程，也可以作为企业挑选自媒体的维度。

第一，是否能够原创。该自媒体要能够自己写文章，这是我们很重要的考量标准。如果一个账号内容全是转载的，哪怕粉丝有几百万，也不能成为联盟的成员。在我们看来，在互联网上只有百分之一的人能够创造内容，可能只有千分之一甚至万分之一的人能够创造出有价值的内容，而这些人才是真正有价值的。

第二，是否能够长期运营。该自媒体能够长期坚持自己的立场和价值观，要对生活、工作及身边的事物有着深刻的体会，基于兴趣和热情去运营自媒体，并能长期坚持去做。对于企业来说，要去寻找真正喜欢你们的品牌，并与品牌气质相符，且认同你们企业文化的自媒体，这样对企业的宣传效果才是最好的。

第三，看一下该自媒体的粉丝数和阅读数的量级，但这并不是我们最注重的，因为我们相信，很多有价值的账号之所以不为人知，并不是内容不好，或者说价值太低，而是它被埋没了。就是你们所说的看到的账号太多、泛滥，有价值的东西就可能被埋没掉。在 WeMedia 联盟，我们是可以让这些账号发光发亮的，体现出它们的影响力。

现在大部分公司，在选择自媒体方面，有些是看自己的老板在分享什么自媒体的内容，接收什么自媒体的消息推送，另外就是靠一些推荐，这个评判标准相对来说是一个考核的维度，但企业还是应该多看一些自媒体人的内容，这是很重要的一方面。并不是说自媒体人名气大，他写的内容就能为你所用，就跟你们的气质相符。

李海峰（华夏幸福产业发展集团市场推广中心总经理）：老贼，有次我和业内的一个朋友交流，他有一个观点是，好的传播不见得找 10 个大号传播，不仅费用高，而且穿透力不足，不如找 100 个小号去覆盖，对此，你怎么看？

青龙老贼：这一点我不是很认同。我觉得大节点在传播的过程中是必须存在的，如果说没有大节点的传播，你去找 100 个小号很难达到预期的目标。

虽然现在已经是人人都是自媒体的时代，但其实大节点给传播提供的价值并不仅仅是传播的数量，而是在于大节点可以给这个传播背书。说白了，一个活动李开复、青龙老贼、雷军都参加了，别人都会认为这个活动是靠谱的，会觉得这个活动是很高大上的，那么大家都会去参与。如果说你只是找 100 个小号，可能只会在每个小圈子里进行传播。

乔晓蕊： 企业自媒体嵌入微官网后，如何来推微官网的内容呢？花费重金把品质很高的内容搭建完，发现没有太多点击量，粉丝更多的还是看每日推送，哪怕我们采用签到积分的方式吸引粉丝点击，用游戏的方式——甚至是当时很贵、很流行的 3D 图片刺激消费者，都没有太大效果。

青龙老贼： 现阶段很多企业都在搭建自己的微官网，我觉得如果搭建的微官网与在 PC 时代搭建的企业网站一样，不会有用户来看，因为上面的内容不是用户真正需要的。

微信曾经发过一个"智慧生活"的多行业解决方案，你会发现，这个解决方案其实是针对很多行业原有的线下或线上的流程，通过微信优化后，让用户获得更便捷的服务。所以，你可以从这一点出发，观察企业在微信上除了内容搭建、推送以外，还能做什么？不是做一个简单的微官网去宣传自己的企业，或者做产品售卖就可以的，还是要做用户真正关心的服务。

以奶制品为例，如果牛奶变质以后，能在公众号上快速投诉，有牛奶鉴别真伪的查询，或者有奶制品快速预订的服务，肯定有用户去点击。我们再去看纯展示性的内容，或者说对用户的服务与产品不相关的，就像签到或者 3D 图片，即便有人点击也是利益驱使。微信本身的界面很简单，真正能够打动用户的不是一些花哨的东西，而是用户内在真正需要的价值。大家为什么去用微信？因为微信可以帮助人们与用户、朋友、同事很方便地发语音、文字进行交流，这是核心所在。

同样的道理，在微信公众号上做自己的微官网，就要想清楚，能提供什么样的服务是用户真正需要的，如果没有这些服务，我建议不用去做微官网，因为不会产生任何用户。比如说像联想的公众号，最早不是联想集团的品牌市场部去做的，而是联想的售后服务部在做，能够快捷地解决一些用户的投诉，或者说维修答疑等诸如此类的服务，然后通过连接再衍生出后面的产品销售。

让每个粉丝都是代言人

李燕： 企业自媒体在 O2O 生态构建过程中要充当什么角色？

青龙老贼： 企业自媒体在 O2O 的生态构建过程中重点还是引流，核心还是从线上往线下导用户。在微信中，企业自媒体还承担着一个很重要的作用——积累用户。比如说以前的线下百货商店，每天会有很多客流量，不管消费还是没消费，等他们离开门店以后，就没有办法再跟踪了，即便是有会员卡，这个跟踪也非常弱。但现在有了微信公众号，企业可以通过线下往线上导，在线上把这些用户维护好，然后通过他们再吸引新的用户。线下活动开展前，通过线上通知用户，再往线下导流。

企业自媒体在O2O里也可以承担一个服务的角色。企业自媒体能不能成为营销平台？答案是肯定的。未来，当你的用户积累到一定阶段，无论是微信公众号、APP，还是其他自有平台，都可以直接在线上销售一些产品，让用户在线下或者通过发快递的方式去获得服务。这些也是企业自媒体未来可以做的事情。

何君毅：今天我们讨论的自媒体大多都是基于微信平台，您认为在微信之后自媒体的存在形式会是什么样的呢？

青龙老贼：自媒体不仅仅是微信平台，这一点我们对 WeMedia 的自媒体人也一直强调，希望他们去关注更多的平台，包括像今日头条、搜狐新闻客户端、凤凰自媒体等。其实你可以把这些自媒体平台当作传统媒介原来的个人专栏，只不过以前的专栏只是对像吴晓波这类高大上的人士开放，现在的自媒体专栏人人都可以搭建，你只要能创造内容，符合申请条件都能进入。

所以，企业自媒体的概念，并不是单独因为微信的自媒体出现的，而是因为现在企业社会化媒体的属性，移动互联网去中心化的分散属性，包括用户可能会通过多种渠道来了解企业的品牌、产品及其他信息。在这种情况下，一个企业可能既要有微博，又要有微信，还要有QQ空间，只要所在的平台用户很多，你都要去涉足，所以企业自媒体是所有的企业在社会化媒体渠道的一个统称。

陈特军：移动互联网应用在人连接人方面，除了我们熟知的微信熟人通信工具产生的社交模式，与陌陌基于地理位置的陌生人社交工具，还有哪些人连接人的应用平台？

青龙老贼：其实社交工具有很多。在移动互联网上，当前活跃度更高的还是手机QQ，可能大家觉得微信是最牛的，实际上无论是从用户数还是活跃度来说，最高的还是手机 QQ。还有一些人们可能不知道的社交平台，比如说快手，是"95后""00后"在玩的微视频分享平台。

大家可以查一下移动互联网的应用排行，比如前 100 名的社交类应用，去看一下这个社交平台上具体是什么样的人，他们的年龄、层次或者社会背景是否需要你的产品，如果符合你的消费人群定位，完全可以去做。在 WeMedia，只要有一个新平台出现，我们就会在这个平台里做一些自媒体的账号或者内容。未来万一这个平台做大了，我们就会掌握一些先机。这方面我觉得大家可以多去看一下艾瑞的平台，它会为你提供一些精准的数据、新的产品和新的方向。

另外，为什么车企会在像滴滴打车、快的打车上投广告？因为这类工具类的产品，也是一个连接人的平台。

黄涛（网信理财媒体关系总监）： 关于企业自媒体，多品牌和多产品类型的企业是否有必要建立微信矩阵来扩大品牌影响力？是应该保持矩阵的核心传播品质统一，还是呈现多种个性？

青龙老贼： 集团企业的微信矩阵肯定是要做的，运营上首先是保持自己的独立性。这个独立性可能是根据品牌的不同、区域的不同，还有用户的不同，进行自己的精细化运作。

另外一方面，它也会有协同作战，比如说品牌与品牌之间是有互动的，产品与产品之间是有互动的。甚至整个大的集团，在节日期间有一个整体的互动，大家可以集体作战。但是在日常的运营维护上，要保持一定的独立性，这样用户会比较精准。

在这种矩阵当中，有一些企业是可以标准化的，比如说像招商银行，可能总行有一个账号，信用卡中心有一个账号，每个地方的分行、支行有一个账号，所有账号的 LOGO 是统一的，账号命名上有一定的规则，会有一个核心思想。但是信用卡公众号推信用卡产品，总行公众号向银行卡的用户推送消息，地方性的银行公众号是区域型的，主推理财产品及区域型的线下活动、区域型的优惠，是针对本地用户做的一些东西。

陈特军： 移动互联网应用连接人与人之后，在连接人与设备方面有哪些未来的应用场景？能举一些先行的案例吗？

青龙老贼： 现在很多穿戴式的智能设备会是人、网络与产品、企业连接的一个场景。比如现在在一些医疗器械方面的创业者，其产品未来就能够为医疗设备和医药生产及医生、医院提供一些连接服务；再比如说家庭的智能终端，也可以成为未来的娱乐中心，甚至可能成为一个信息中心。为什么现在很多企业在做智能家电？比如说未来的智能电冰箱能够告诉你鸡蛋有多少，菜有多少，肉有多少，经过一些运算，生鲜平台就会给你送货上门。

我曾经参加沃尔沃的活动，沃尔沃宣称他们的汽车基本上能够自动驾驶，即通过地图自动精准选择驾驶路线、自动超车等等。未来一段时间，自动驾驶的汽车就能变成一个车联网，其实现也会有很大的想象空间。

关于"连接"场景，未来有两条路：一条路就像微信这样去做软件，做基础的服务。比如在苹果的手表中，微信作为一个通信软件放在里面，成为一种新的连接。微信涉足的领域很多，它为智慧城市、医疗行业、汽车行业、餐饮行业等各个线下行业提供基础的通信服务，通过软件分布到各个应用场景上，跟人发生连接。另外一条路就像小米这样做硬件，手机、电视、汽车，甚至装修，想通过硬件来连接所有的人。

像这种关于"连接"的产品，现在当然是各做各的，未来肯定会出现一个大的趋势——标准化。微信的出现有一定的标准化，它能够横跨 iOS、WindowsPhone，以及安卓系统，提供一个标准化接口，能够让所有的企业跨越所有的平台为自己的客户服务，手机或者其他硬件只是一个终端，用户和企业都会很方便。未来硬件也会是"标准化"的，比如汽车、智能家电、穿戴式设备，现在各自做各自的接口，未来也必须是要一个标准化的过程。一旦标准化以后，这个连接对于很多线下企业来说都会很方便。

不管连接的方式怎么改变，或者应用场景怎么改变，连接本质是不会变的。比如说吃饭你还是要到线下去吃，或者别人给你送餐上门，保健品还得有人去生产、销售，这些是不会变的，会变的可能是整个流程会缩短，环节会减少。

今天的中小品牌还有未来吗？

作者简介： 万能的大熊，知名自媒体人，畅销书《格局逆袭》作者，微营销第一社群大熊会创始人，公关品牌营销专家。

中国的传统经济领域处在下降通道，已成功的大品牌以拼价格、拼渠道、拼广告量为竞争重点。在这个领域强者恒强，中小品牌用同样的方法几乎没有成功的可能！但是中国以消费、服务升级和高科技互联网＋驱动的新经济正在高速成长，需求变化巨大，创新机会不断，中小品牌把握以下两大方向完全有可能在几年之中成为独角兽，甚至百亿美元级别的企业。

首先，在产品爆炸、广告爆炸、信息爆炸的社会环境中，真正的困境在于选择太多，而消费者心智很难改变，即使改变也极其有限。所以创业公司或中小品牌必须先入为主地开创出与众不同、属于自己的新品类，成为品类的代言者。例如唯品会——一个专门做特卖的网站，或者抢占新特性，例如神州专车——更安全的专车。

具体方法有以下几点：第一，有品类无领导品牌时要抢品类第一。例如"找猎头，用猎聘""饿了别叫妈，就叫饿了么"。第二，现有品类有领导品牌时，找到截然不同的特性。例如"小米手机就是快"" 今日头条——你关心的才是头条"。第三，开创新细分品类。例如"瓜子二手车——个人卖家卖给个人买家，没有中间商赚差价"。创业公司或中小品牌在起步时，必须集中火力抓住时间窗口，抢先出击占领消费者心智中的全新位置。如果今天的创业公司或中小品牌找不到上面所讲的独特的具有明显差异化价值的定位，就不可能有未来。

创业公司或中小品牌一旦率先抢占了目标用户的心智，就应思考战略配置，重新审视公司资源，砍掉与定位不符的研发、产品，把公司所有资源聚焦投入到创建目标消费者心智中独有的认知优势上去。因为产品或技术上的领先往往是一时的，蓝海随时会被复制，从而成为红海，所以要抢占用户心智中的位置。因为消费者的心智很难改变，而且容量有限，所以第一个进入消费者心智的品牌往往能拿到市场 70% 的利润。

其次，创业公司和中小品牌最大的挑战，是今天的移动互联网让消费者可以随时随地取得任何信息，但对于品牌传播而言，资讯的过度、信息的爆炸令消费者注意力涣散，广告越来越被稀释而很难记忆，选择太多对于预算有限的新品牌或中小品牌来说是个巨大的困境。

移动互联网是当前用户取得资讯的主要方式，每天占据用户眼球长达数小时，但移动端是用户型产品，且用户使用时目的性高，通常强行插入的企业硬广，用户关注度与接受度较弱，往往被随手刷过，对于品牌传播的价值十分有限。企业应该利用公关软文植入新闻话题与知识教育内容中，特别是利用微博、微信，结合社会热点事件和热点话题，创造出可以被传播的内容，往往能取得较好的回报。

而另一方面，当前的社会选择太多，例如，晚上你可以选择看电视、看视频、看微信、玩游戏、教小孩读书，也可以在外面逛街、喝茶聊天、看电影 K 歌。打开电视还有 120 个频道，视频有更多选择，移动端上更是资讯泛滥，人被信息淹没。

创业公司或中小品牌只有抓住中国消费、服务转型升级和互联网＋的新经济大潮才有未来。在产品爆炸、信息爆炸的社会环境中，只有创造差异化的价值和独特的品牌定位，抓住时间窗口，运用移动媒体（特别是社交平台做内容、做话题的媒体）和被动媒体（特别是强制高频到达的媒体）这两把最有效的榔头进行饱和攻击，迅速而牢固地钉进消费者心智中。抢占了用户心智中的全新位置，才有未来。

传统广告的经验面对新媒体时失灵了吗？

作者简介：小马宋，奥美前助理创意总监，蓝色光标前策略总监，2007 年戛纳广告节铜狮奖获得者，文案类公众号"中国文联"创办者，现任第九课堂联合创始人。

我们先说广告的事。广告就是为了影响消费者并改变他们的行为，那么如何做到这一点呢？脑白金就是一例，虽然赤裸裸，但是它把想让你知道的信息传到了你的脑海里，当然它的做法是通过反复高频的电视广告实现的。虽然你很讨厌它，但是你潜意识受到了它的影响。

机场高速两边的擎天柱广告又是另一个例子，因为这里的广告不容许有太多复杂的信息，大部分广告只能放上自己的品牌和口号，比如"好莱客：定制家居大师"。

那么这有意义吗？有。这是广告理论中的"曝光效应"，指的是一个东西，你看得越多，就会觉得它越好，所以不管是强制阅读还是主动阅读，单纯的品牌露出和曝光也是有意义的。

当然，关于广告为什么有效，还有很多理论，在此不再赘述，只举两个例子来回答这个问题。

如何定义新媒体广告？我觉得以小熊猫和顾爷为代表的那些广告并不是新媒体广告的全部，甚至只是极其微小的一部分，因为在新媒体上做的广告，大部分是和传统广告差不多的，按照老金的说法就是，"哪有什么传统广告和新媒体广告？"是的，现在我觉得新浪、搜狐的 banner（横幅广告）就是传统广告。

我们一说到新媒体，总觉得微博和微信就是新媒体，可能因为大部分所谓的新媒体公司只会做这两种东西。

这里我还要问一个问题，当所有品牌都建立了自己的公众号时，你是否想过，你的企业真的适合做一个微信公众号吗？建立公众号前，请仔细想想，别人为什么要关注你的公众号？别人为什么要关注一个看起来就没趣的企业官方公众号？其实我觉得很多企业对新媒体有一种超乎预期的恐慌和关注，以致于被太多新媒体营销专家忽悠了。

其实新媒体广告投放量最大的应该是百度关键词、联盟广告、视频前贴片、淘宝直通车、广点通、微信朋友圈等这些可以大量投放的地方。所以如果你有5000万元的新媒体预算，请问你怎么花？你不能找300个顾爷写300篇公众号文章吧？其实你算下来是很不划算的，不信你去算算大部分知名公众号的CPM（Cost Per Mille，每千人成本）。本人的公众号，CPM在300元~500元之间（水军刷量我们就不考虑了），优酷的CPM大概是50元，微信朋友圈的一线城市CPM是100元左右。

举几个例子，我自己的第九课堂在做文案培训时，最开始用的是豆瓣小组，一般小组帖子置顶一周几百元。我认识的某个做文案培训的公司，他们最早在知乎做传播也很好。而且，我们小组的帖子向来就是赤裸裸地叫卖广告。

我听国内某知名鲜花品牌的市场总监说，他们在小咖秀和知乎上做广告的效果很好，都是软植入，以成交为考核。所以真正的新媒体战场，其实在我们不太注意的地方，比如知乎、豆瓣、斗鱼等等，或者是司空见惯但我们并不觉得这是新媒体（如SEM和联盟广告）。

还有，如果你做APP，目前的状况下你想增加安装量，那么最靠谱的做法是什么？我相信大家会选APP市场关键词优化、APP市场排名推荐、其他APP互换量，当然，最终决定一款软件生死的是使用体验和口碑分享。通过特定的分享功能和刷屏级的软文也同样可以做，但是请记住，这种做法谁都保证不了效果。那么，以上这些做法算不算新媒体广告？

我承认，很多公众号写的广告故事性强，容易传播，但是这种广告有两个问题：一是读者往往觉得故事好玩而忽略了品牌，看完后一般会这么分享：神广告，不转不行。对，他们往往只是觉得广告很牛，神转折，往往会忽略是什么品牌，产品怎么样。

二是不可大量复制和投放。所以它们只适合某些特定品牌的特定阶段，比如冷启动的某些品牌，可以直接获得初始用户；比如财大气粗的汽车品牌，反正十几二十万对他们的整体投放来说不过是九牛一毛。

我们再说说长文案的问题。如果不介意形式，我觉得长文案其实目前很流行，而且可能是文案中使用最多的，比如电商的产品介绍页。

而且你会发现，淘宝商品的介绍页其实都长得差不多，产品介绍、关联推荐、贬低对手、证明文件、晒好评、做保证，这里我没有具体的数据，但是跟一家年流水几亿元的大店运营人员聊过，这种介绍方式被对比测试后是很有效的。

电商产品介绍是不是广告？是不是长文案？我觉得是。因为你正在向一个有意向的消费者展示信息并试图说服他购买。当然这是一种特殊情况，因为来的人都是有购物意愿的，这就像家居品牌（低频低关注度高价格的商品）往往在卖场附近打广告一样，但它依然是广告，而且是长文案。

长文案是否一定要单刀直入？我觉得这个问题无法回答，因为各种写法都有成功的案例。我们还是结果导向为好，达到目的即可。

比如在分众投广告，它属于强制阅读媒体，因为等电梯时会强制观看，所以直接宣讲产品卖点就是很好的广告。而微信公众号文章，它属于选择性阅读，你就应该做到吸引打开（标题党）、引导阅读（故事性）、说服购买（产品卖点）、扩大影响（让人有分享冲动）。当然全部做到这些很难，如果你注重成交，那就偏向客户转化；如果你注重传播，那就给人分享的理由。

如果你面对的是精准用户，其实开门见山就挺好，因为他们有需求，为什么还要遮遮掩掩呢？比如我在公众号上众筹 *Neil French* 这本书的时候，写得就很直接：有本神书叫 *Neil French*，有个神文案也叫 *Neil French*。结果一周内 1000 本书被抢空，价格是 100 元一本。（现在这本书已经没有了，所以这不是个广告，如果你想要，到我的公众号去回复"大神"就可以拿到免费的带图片的电子版。）

最后以一个实际案例来结束吧。

我和马原一起创办的公司叫第九课堂，最早是做在线技能分享的，后来觉得模式不对，改成了文案培训。第一年招生全靠我自己写《一个广告文案的自白》作品：一个广告文案的自白系列全集，前后总共写了 8 篇，确实会省很多广告费，而且能招到生，记得第一篇就被李开复和罗永浩转发了。

但这里的问题是，你必须持续创作这样的广告。写到第八篇的时候，我就有点写不下去了，加上后来我离开第九课堂，不再管理公司，自己也不再讲文案课，也就不这么做广告了。

今天第九课堂的文案课依然存在，招生效果也不错，不过招生成本上升了（但账算下来还是赚钱）。那第九课堂的招生是通过什么途径实现的？三成是SEM（搜索引擎营销）关键词（比如你百度小马宋，你可以看到他们的课），三成是公众号推广（顶尖文案等等，可以看下这个广告，其实非常直接——第九课堂：广告文案训练营），其余都是通过口碑推荐得来。

综上所述，得出以下几个结论：

第一，传统广告经验不会失灵。如果你的确有做传统广告的经验，而且做得很牛，那么做新媒体也没什么困难可言。问题在于，大部分广告人做广告时，其实搞不懂广告是否会有效。在我离开广告公司几年后我更加确信这一点，不信，你让一个广告人去开个饭店，然后自己出钱做广告推广一下试试。

创意人不重视实际广告效果，而只关心作品形式，脑子里全是怎么去拿奖，戛纳广告节的作品（平面为甚）害了很多人。

有意思的是，脑白金最近也换了广告，这说明随着社会的进步和观念的改变，所有的形式都需要随之做调整。

第二，罗伯特·布莱说的开门见山式长文案并没有否定长文案，但它只是长文案的一种形式而已。

第三，长文案当然有效，如果你要租房子，你是不是希望看到的房子描述越细越好？如果你恰好得了痔疮，你会看遍所有广告的推荐和药物介绍；如果你想谈恋爱，那么两性学教学的文章多长你都乐意看，而且愿意付费。

顺便说一句，我曾经读完了一本大概300多页的书，那本书的名字叫《上帝、国家、可口可乐》，我觉得是可口可乐的广告。

新媒体营销的三大正确姿势和全景图

群访嘉宾：龚铂洋，钛铂新媒体董事长兼 CEO。

主持人：罗腾江，广州易尊网络科技股份有限公司广西项目团队运营经理。

罗腾江：请给我们介绍一下什么是新媒体营销中的三大正确姿势及全景图。

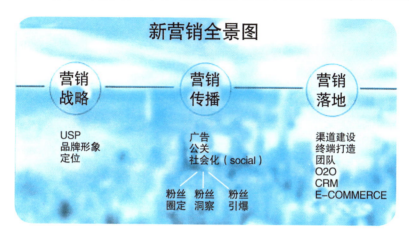

龚铂洋：首先看我刚刚分享的全景图。做新媒体营销，我认为需要从三个维度来思考：第一，营销战略；第二，营销传播；第三，营销落地。这三者就是营销全景思维。营销战略是顶层设计，顶层设计清楚后才能传播，而销售效果是与落地工作息息相关的。

营销战略的发展有这样几个阶段：20 世纪 50 年代瑞夫斯提出了产品卖点理论；60 年代奥格威发明了品牌形象理论；70 年代有了定位理论。这三者都从顶层设计层面帮助企业找到方向并弄清楚"我"是谁。战略明确后我们才能谈营销传播。传播分为广告、公关和社会化营销。

大家很清楚广告是媒介，投放为主。公关时代，华为、小米等手机厂商都是通过发布会的方式传播，这是公关思维。社会化营销就是利用社会化的平台进行传播。微博、微信都是社会化营销平台。

真正营销效果的出现是营销落地，传统的手段包括渠道建设、终端打造和团队管理，都是与落地相关的，O2O、CRM 及电子商务是真正销售落地产生效果的。

只有把营销全景图弄明白后，才能明白新媒体营销所占的地位，看到新媒体营销的正确姿势。看上面这张图，头部部分我称之为顶层设计，就是营销战略；中间部分是营销传播，左手是公关，右手是广告，公关的姿势比广告更高，是因为现在公关方式和手段的效果比广告更好。左右两条腿是营销落地部分。

"苍老师"案例：用创意驱动资源

罗腾江：我们都知道，在新媒体营销中，渠道铺设及资源整合是非常重要的环节，钛铂新媒体曾经让苍井空的内衣火爆全中国。您能否给我们介绍一下，您对于媒介和资源的运用思路？

龚铂洋：目前整个新媒体创意营销行业有两种趋势：一种是用创意来驱动相

关资源，另一种是用资源驱动相关创意。苍井空案例属于第一种情况，我们通过创意来驱动资源，核心的创意是让苍井空利用微博 @ 雷军。通过隔空喊话形成话题，引发平面媒体、网络媒体都来报道，关注这个事件。而运营新浪微博的系列商业产品、新闻客户端信息流广告等就是利用资源驱动创意。

"创意为王"还是核心

罗腾江： 罗辑思维的罗振宇说"内容为王"是胡说八道，很多做营销的同行又说"渠道为王"，对于这个"内容为王"说和"渠道为王"说，您觉得哪个说法是正确的？

龚铂洋： 罗辑思维的罗振宇说"内容为王"是胡说八道，他的观点是人格为王，信任为王。并且他还举了个例子说《南方周末》的内容好，但现在的APP 没有人看。这个观点我不是很认同，但比较"渠道为王"和"内容为王"哪个更正确，我认为核心还是"创意为王"。

我认为他其实讲的是，一个人首先需要有内容，才能够形成相关的人格。然后内容一定是所有营销传播的基础之一。另外，我认为南方周末 APP 当然有人看，好的内容一定可以更好地传播。

李晶晶（蓝莓会商务总监）： 龚总，想知道您是怎么看待娱乐营销的。

龚铂洋： 我很喜欢维珍的创始人布兰森写的一本书《一切行业都是创意业》，正是讲创意营销。我觉得在未来，"90 后"的轻松愉悦与"60 后""70后"的沉重大不相同。所以在"90 后"慢慢主导消费的未来时代，娱乐营销将是大主题之一。

事件营销——要找好切入点

罗腾江： 在很多事件营销中，经常出现这样的情况，事件很火爆，但是大众记得的都是事件，而不是事件背后的品牌，比如甜心摇滚沙拉、斯巴达勇士等事件营销案例。您觉得为什么会出现这样的情况，解决办法有哪些？

龚铂洋： 对待这样的事件，需要从广告和逻辑两个方向去理解。传统的广告非常直接地向消费者讲述品牌和诉求。但是广告让消费者记忆的方式往往是打断式的，消费者并不喜欢这种方式。而事件营销，像"斯巴达勇士"，其实是公关逻辑。首先，受众了解到"斯巴达勇士"事件，但并不了解其背后的品牌，没有引起受众厌恶时大家都积极地参与到传播中，有传播就会有受众好奇背后是哪个品牌，就会有受众询问朋友或在互联网上搜索，这造就了更多的主动宣传。

总体说来，每个企业都希望做事件营销。因为其花费的费用和成本都非常低。但是，企业也不能求全责备。低成本、高效果，这两者是很难兼顾的。所以说要用小成本做事件营销，那就做好准备，以事件当作为切入点，以潜移默化的方式带出品牌，如果能够让消费者让网民惊讶就算成功了。这就是事件营销与传统广告的区别。

新媒体营销六大趋势：微博依然最有价值

罗腾江：国务院 APP 已经上线了，感觉新媒体营销大势已至，请龚总大胆预测一下新媒体的发展趋势，作为营销人，我们应多关注哪些点？

龚铂洋：新媒体营销有六大趋势，请看下图。

1.微博依然是最有价值的新媒体平台

2.微信朋友圈依然是最活跃的社交阵地，但已经逐渐超负荷

3.视频营销（尤其是1—2分钟）会逐渐侵蚀电视广告

4.信息流广告覆盖广、精准度高，会蓬勃发展

5.把粉丝升级为首席执行客户，进入公司战略决策委员会

6.用心做好产品、做好内容，有价值的企业将永生

李晶晶：钛铂新媒体今年会有哪些动作呢？

龚铂洋：一个是微博，社会化传播依然少不了微博平台，它依然非常重要；第二是视频营销，它是内容生成的重要形式，我认为在今年大传播上有非常好的作用和价值，我们在这方面也会加大发力。第三是信息流广告，这也是大家需要关注的。

曾响铃（深圳格特信息创始人）：小米 5 发布会后，在新媒体上出现了失控的情形（抨击小米黑科技的居多），新媒体营销中参与感和用户场景是否重要？另外微博、微信的有奖转发真的是主动参与吗？

龚铂洋：我认为这是雷布斯同志在对黑科技描述的时候出现的一些纰漏！尤其在十大黑科技中放入了很多普通、传统的技术，我们认为小米是专门去"黑"科技的，不是黑科技。如果是传统发布会，可能很多人并不会知道这些，因为公关稿可以修改。但新媒体中有很多不可控的受众参与，参与感很重要。小米的法宝正是参与、参与、参与，活动、活动、活动！

微博微信的有奖转发不能算是受众的主动参与，更多的是利益的诱导。但利益诱导依然有作用，因为当有奖品参与的时候，就能带动一批人营造氛围。

有本书叫《乌合之众》，里面讲到，传播上当有人带动时，就可以吸引更多的人参与传播，所以我认为有奖转发也算是一种手段或方式。当然你也可以复合多种手段，用专业的知识、用娱乐化的内容做自发组织传播，或者用公益的力量做些传播。

粉丝聚集、洞察、扩散三步走

罗腾江：很多企业的朋友初做新媒体都比较迷茫，不知道该如何运用新媒体帮助企业发展，也不知道哪些指标才是重要的，您能否从专业的角度给大家介绍一些思路？

龚铂洋：从新媒体发展的三部曲来讲，是粉丝聚集、粉丝洞察、粉丝扩散三步走。首先得把粉丝聚集在你的新媒体阵地上，粉丝聚集后就意味着你拥有了一定的话语权，可以直接为自己做更好的传播，这是粉丝聚集的第一步；第二步是粉丝洞察，你要了解粉丝是什么人，粉丝为什么关注你的品牌，通过粉丝洞察反向进行顶层设计的改进；第三步是粉丝扩散，就是通过粉丝做一些相关创意动作，把每一位粉丝当作一个节点或是当作创意的传声筒。当粉丝满意企业传播的信息，就会自动自发传播，达到连锁式的效应。这样企业做新媒体就能在传播渠道上发力。

从微信发展来看，微信订阅号和服务号的功能是不同的。订阅号更多的是用于传播，服务号偏向于服务功能性的。我认为服务号的价值对很多企业来讲是移动互联网的官方网站，应该被重视、被建设，以用来跟粉丝进行直接的沟通。

李燕：粉丝洞察包含哪些内容和含义？从粉丝洞察到粉丝引爆有哪些路径和手段？

龚铂洋：被利益吸引过来的粉丝叫围观粉丝，这部分粉丝会占到总体粉丝的80%～85%，围观粉丝主要是为了利益、抽奖或活动；用户粉丝是消费者，他们会关心品牌、产品及账号，占10%～15%；领袖粉丝主要是大V，只占5%。当你分清楚这些粉丝后，就知道怎么与他们进行互动，以及怎样通过粉丝的反馈改进产品。这是粉丝洞察中最重要的方面，你可以通过粉丝了解品牌的优势和劣势，了解品牌的发展方向和调性。这是线下沟通中很难满足的。另外，你可以对粉丝群体进行画像，这其中产生的价值可推动整个品牌的成长和发展。

从粉丝洞察到粉丝引爆的路径和手段，其核心主要在于创意。如何调动粉丝情绪？如何让粉丝自动自发地传播？一般来说会有利益驱使的方式，这是方式之一；好的创意能够洞察粉丝内心或挑动他的心弦，让他自动自发地传播，这是方式之二；另外，利用工具和方法，比如说H5的小游戏、活动等，让粉丝参与，粉丝的接触和参与可以带动品牌的进一步传播，这是方式之三。

李亦菲：新媒体营销如火如荼，但营销成本也在一日千里地高涨，原来相对于传统媒体的性价比优势几乎荡然无存。在这种形势下，广告主如何用最少的钱办最多的事？

龚铂洋：在传统媒体上，比如电视广告或户外广告，更多的是品牌建设的功能。若考虑CPM的话，其成本和单价远远高于新媒体，比如视频贴片广告，一个CPM是20元到30元，这种传播成本还算是比较低的。微博、微信方面，好内容的传播成本会比较低。在这种情况下做新媒体，一方面要把阵地建设好，消费者和粉丝在哪儿，就要利用那片阵地与他们进行沟通；另一方面还要用创意来驱动粉丝裂变式传播，这样能最有效地降低成本。

📱 要么娱乐化，要么格调化

罗腾江：请问龚总，如今说受众偏爱获取娱乐化、轻松化的信息或内容，作为传统、专业性品牌该如何突破新媒体营销？

龚铂洋：一方面，以之前屠呦呦发现青蒿素治疟原虫为例，当时出了各类文章，但我在复星医药这种非常专业性的公众号上看了一篇文章，讲屠呦呦对疟原虫做了什么。这篇文章写得非常有意思，用轻松愉快、幽默化的语言科普青蒿素是怎么打败疟原虫的。看完文章后，我对复星医药产生了好感。换而言之，任何事情都是可以娱乐化的。

另一方面，不是只有娱乐化一条路可以走。香奈儿的内容营销就做得非常好，他们将高格调做得非常有创意，比如"维多利亚的秘密"每年一场秀，这种内容也都在社交媒体上得到广泛的传播。所以要么娱乐化，要么格调化，不同的方向都可以让品牌脱颖而出，这考验的也是做内容的能力，更考验创意能力，都需要企业或第三方公司有更好的功底来驱动传播。

Alpha Sun：创意和内容始终是非标准的产品。在圈粉、洞察、引爆、扩散的路径中有没有可以有效提升和稳定传播效率的手段和工具？

龚铂洋：用创意来驱动传播，这往往是非标准也很难衡量的，因为不知道创意最终会被哪个报纸、电视或者大 V 转发。但同时现在有很多精准投放的工具，类似于 DSP（需求方平台），包括信息流广告或微博的粉丝通这类工具，它们都可以不断地调整和优化，将你不同的创意投放到不同的人群，最终测算 CPM 的成本。从有效性方面思考，多用这样的载体和工具，是有助于提升整体传播效率的。

罗腾江：最后一个问题，您可以结合自己做过的案例，给大家介绍几招实用的新媒体传播套路吗？

龚铂洋：聊聊天美意的案例吧。天美意是百丽旗下的一线品牌，鞋业的霸主。全国有近 2000 个线下门店，随着微信的火爆，我们帮品牌实施了一些传播策略：

首先，我把 2000 个门店全都配置了带参数的二维码海报，所有进入门店的顾客都有可能去扫二维码参与"测言值"的小游戏，说一句话测试一下值多少钱，直接发放优惠券给你。很多粉丝输入天美意的广告语，比如"天赐我美丽，我要天美意"这类的，然后摇一摇就会产生 10 至 20 元的立减优惠奖券，可以立即用于购买天美意产品。

主推这个活动后，每个顾客都会扫描二维码。最终的效果十分明显，天美意微信粉丝从几乎为 0 聚集到了 60 万，并且收集到潮语 40 万条，总发放 32 万张优惠券，促成了 3000 万元的销售。这个活动贯穿线上线下，结合了 H5 小游戏及粉丝的自发传播，是一个非常有意思的综合性案例。

未来十年的媒体变革方向

作者简介：赵梅，CTR 媒介智讯研究总经理。

中国广告市场趋势：整体低迷放缓，以互联网和分众媒体为代表的新媒体引领增势

2015 年中国广告市场整体降幅是 2.9%，这是监测 15 年来首次产生年度降幅的一年。从各媒体表现来看，传统五大媒体广告花费全线下滑，影院视频广告（涨 63.8%）、互联网广告（涨 22%）、分众电梯电视广告（涨 17.1%）是呈现上涨的三大板块。

2015年各媒介广告刊例花费同比变化

2016 年第一季度，传统媒体收入继续下降，降幅为 3.8%，保持增长的依旧是分众电梯电视 33.8%、电梯海报 34.4% 和影院视频 92%，互联网广告则保持 28.4% 的平均增幅。

2016年Q1各媒介广告刊例花费同比变化

今天广告市场步入结构性发展阶段，在品牌选择趋于理性、广告市场整体低迷放缓的大背景下，互联网，特别是移动互联网成为最主要的资讯模式，而分众电梯媒体的持续上升，则意味着城市主流人群的生活场景媒体价值日益凸显。

尤其是新经济互联网品牌的广告投放，在 2016 年 1～5 月以分众电梯媒体和影院视频呈现出 135% 的高增长势头。从数据看，新经济品牌在整个媒体的预算上，分众占据的份额从 2015 年统计的 43% 上涨到 2016 年同期的 57%。

新经济互联网品牌媒体费用分配中，分众份额不断上升超过50%

2016年1-5互联网企业 全媒介广告费用%

中国消费市场趋势：双速前进，高端化消费成中国经济消费新趋势

2015 年，中国快消品市场销售额增速放缓至 3.5%。中国快消品市场存在两种不同的快慢车道——即平价品类出现缓慢的降幅，高端品类持续成长。管理咨询公司贝恩公司（Bain & Company）与凯度消费者指数（Kantar Worldpanel）在其持续第五年的《中国购物者报告》中指出了这种分化，并将之总结为"双速前行"。

市场销售额增速放缓背后存在两种不同市场增长轨迹

城市主流消费人群是消费升级的风向标人群。快速前行的中国市场中，消费升级和追求品质逐步成为刚需，唯有优质的品牌方可获得消费者的溢价购买；重视商品品质和个性的高端人群，勇于尝试新事物的网络新经济人群，乐于分享属性的意见领袖和口碑冠军，是积极推动消费市场发展的三类人群，不仅代表了消费的潮流，也是未来消费倾向和趋势的引领者。这三类人群构成了中国新消费市场的风向标人群。

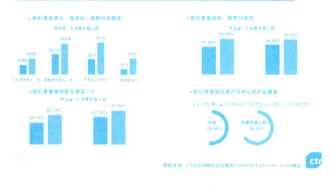

中国营销市场趋势：移动化的内容营销和被动化的场景营销成为新趋势

在当前媒体环境变化的新趋势下，形成两个新的营销趋势——移动化的内容营销和被动化的场景营销。

移动互联网的发展使人随时随地可以获取信息，一方面使资讯方式和媒体消费时长日益转向移动端，但用户在移动端是有选择的，主要收看的是资讯内容，对广告往往选择性忽略，对品牌很难形成有效记忆；而另一方面由于资讯过度、信息爆炸、选择太多，令消费者注意力涣散，广告越来越被稀释，这使得分众旗下的电梯电视、电梯海报广告、影院视频等媒介处在用户必经的封闭生活空间中，以其强制性和不可选择性，在移动互联时代受到了更多广告主的认同。比如电梯媒体因为相对封闭的空间，消费者接收信息具有强制性、无干扰、高频的特性，能够使受众的注意力更加集中。这样的承载环境，促使传播能高效到达。

以电梯媒体为代表的必经的封闭生活场景媒体是帮助品牌高效直达主流消费者最快速的通道。

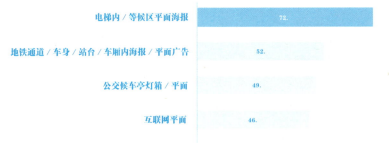

封闭空间观看广告意愿（%）

电梯内／等候区平面海报	72.
地铁通道／车身／站台／车厢内海报／平面广告	52.
公交候车亭灯箱／平面	49.
互联网平面	46.
公交车身	44.

Base：媒体态度，封闭环境安静放松，使我更愿意去欣赏广告

数据来源：IPsos 2016，媒体习惯调研

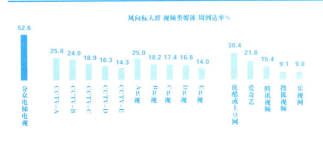

各视频类媒体中，分众电梯电视对风向标人群到达率最高

风向标人群 视频类媒体 周到达率%

未来十年是中国消费服务升级，高科技产品全面开花、互联网＋产业充分发展变化的十年，无论是传统品牌、国际品牌，还是新经济品牌，面临的传播环境都正在被信息粉尘化时代冲击得面目全非。在新的复杂多变的媒体环境中，掌握和影响都市白领与中产阶级的消费升级，抓住主流人群的媒体接触习惯进行精准化传播，将是未来十年品牌引爆的关键。

Part 4

实战：营销还可以这样玩儿

争议化传播成就最大化影响力

群访嘉宾：肖荣燊，韩后集团董事总裁、韩后电商董事长。
主持人：刘聪聪，洋河股份公关负责人。

刘聪聪："奇葩式"的营销路线、剑走偏锋的颠覆性尝试、"农村包围城市"的渠道拓展路线，韩后野蛮生长的路径背后是什么样的运营思路？

肖荣燊：韩后成立于 2005 年，至今已有 10 年历史。韩后这个品牌发展历程主要分多个阶段：

2009 年—2011 年是品牌积累阶段，2011 年—2013 年主要是做最基础的大众市场，2013 年至今切入一到三线城市的年轻人群市场。2011 年之后每年成长速度成倍递增。

现在韩后在三四五线城市主要通过加盟专柜的形式，大概占据 40% 的份额。在一二三线城市走的是以屈臣氏为代表的年轻人化妆品渠道，份额大概是 25%。另外，电商的份额也占 25%。

目前公司主要有三个股东，老大负责资本＋产业；老二负责内部运营＋线下销售；我负责产品、品牌、线上销售。我们三个的背景是：老大是销售出身，老二是设计出身，我是市场营销出身。老大偏激进，老二偏稳健，我介乎于中间。所以说优秀企业的基本能力，基因就是快消品公司中与销售相关的因素，也让我们在整个企业对应的品牌营销或者销售管理这两方面都得到了长足的发展。

2015 年 10 月份开始，我们三人的工作做了调整，我接管整个集团的全面运营。

不要抢着细分个性化！

周鹏（广东广播电视台新闻中心时政部副监制）：化妆品种类、品牌众多，韩后的营销策略应该很有趣。比如地域如何分配？产品品类如何突破？希望肖总与我们分享。

肖荣燊：刚才我介绍的韩后的三个发展阶段，其实也是我们布局的阶段。在第一阶段，中国过去五年的经济红利给了韩后最好的发展机会，CPI 迅速上升，消费者的消费能力也快速上升，这形成了一个消费者对品类的红利，是我们在 2011 年—2013 年发展上的一个契机！所以我们对应的渠道策略是：2011 年—2013 年我们布局最基层大众市场的零售，在基础积累大概 4 亿元后，我们迅速回归品牌所定位的一二线城市市场，第一拨是以线下屈臣氏渠道为代表。我们花了两年多在屈臣氏渠道做到了市场份额排名前三。2014 年电商起步，市场份额排名前十，2015 年达到前三。2016 年我们会布局一二三线城市大卖场的渠道。

这样的布局完成之后，我们形成了一个以地域化人群与渠道化消费者目标的结构，可以理解为：我们从基层大众市场的这种相对没有针对化的消费群体，转到一二三线市场对品牌敏感度比较高、消费能力还可以的年轻人群。因为他们生活场景会发生变化，这群人随着这三年的发展，会逐步从电商转移到屈臣氏，再转移到大卖场。

其次是在品类上的布局，我们的定位要体现出与其他大众消费品的差异化，主推"作为年轻人的天然护肤品"为核心。

在产品品类的突破上，我觉得千万不要急着去细分个性化，而是在大容量市场中迅速抢占市场的竞争机会，一定要在红海市场中去定义蓝海的细分，千万不要跑到一个蓝海的创新品类中去做。

品牌突围，只有差异化才有机会

刘聪聪：中国的消费者一直比较青睐韩国、日本或欧美品牌的化妆品，对于中国现在崇尚洋货的风气您是如何看待的？国产品牌应该如何突围？

肖荣燊：第一，我们先分析中国消费者群体的特色。上世纪六七十年代的消费者，大多是功能消费；而 80 年代特别是 85 前的 80 年代人，更强化品牌消费；但是 85 之后尤其是 90 之后的消费者，更在乎的是感觉本身，更强化个体的选择。如果要深究三个年代人的变化，看一下整个经济环境大背景就能了解：20 世纪六七十年代"有和没有"是一个重要的问题；80 年代假冒伪劣非常明显，需要有足够多的具有品牌信任感的产品选择；而 85 之后整个市场的消费进入了个性化的选择。这是整个消费者的背景逻辑，是韩后做跨国品牌竞争或跨品类竞争的大背景。韩后过去定义的大众是 30 岁左右，大概是 1975 年—1985 年之间的群体，这就意味着必须要强化品牌的影响力，整个品牌的媒体传播资源占有量必须非常大，我们对媒体购买的投入非常大，因为企业需要塑造一个品牌影响力的信任感。

但是 2016 年我把韩后的消费人群重新定义，我希望未来三年韩后的目标人群为"85 后"。在 80 年代前期出生的消费者中，韩后没有机会和现有已经成熟的国际品牌竞争，因为它们的品牌力远大于中国的任何一个本土品牌。对于消费者来说，外来的品牌标签和安全性相信度更高，但是在"85 后"的消费者中不是这样的。因此我们把品牌力放在第二点，使个性化成为变革的核心，从主品类进入到细分品类，细分品类去抢夺足够多的细分消费者，最后再变成一个大盘。

如果本土品牌竞争，未来要抢"85 后"的年轻人，这群人有机会争取；争取的办法是个性化。品牌化永远是比历史长、比规模大；只有比不同才有机会。

品牌其实有两种生存状态：一种是往高端小众走，高端一定意味着小众，消费受众的基数小；一种是大众规模，面向规模化的人去竞争。

闫曌（Admaster 创始人兼 CEO）： 假设 2016 年您才重新创立"韩后"，您会怎么做这个品牌？与原来韩后的品牌建设策略有什么异同？

肖荣燊： 第一不可能重来；第二如果重新来过，我一定是只做"85 后"的人群。"85 前"的人群我一分钱都不赚了。面向"85 后"人群，做细分市场领军者。

天下无三，争议化传播成就影响力最大化

黄力生（维他奶投资有限公司中国区首席事务总监）： 韩后当初的"天下无三"的张太公关案是相当剑走偏锋但赚足眼球的大招！请问这样做对品牌定位的影响，你当时是如何考虑的？当时对消费者回应有何预期？对销量的拉动效果如何？

肖荣燊： 首先我说一下创意背景。2013 年年底，我们企业主攻一二线城市市场。如果我们要迅速扩张市场的话，成本是非常高的。故传播目标就定义得非常清晰：在非常有限的预算下，需要让韩后迅速在这个市场消费人群中取得足够

的知名度。

这个目标定义之下，首先，要有知名度的迅速提升；其次，韩后本来就是年轻化定位的品牌，年轻人对争议的宽容度足够大，我只需要韩后得到足够多人的关注就够了。有限的传播成本要得到巨大的传播影响力，只能走争议化传播途径。而争议化的传播无非就是爱恨情仇和黄毒赌、暴力。黄赌毒是违法的，不敢碰，只能用爱恨情仇了！

话题营销：内容作为唯一标准

陈特军（蓝莓会创始人）：南都"天下无三"的案例已成为经典，开创了一个营销上的南都头版悬念系列，我觉得最重要的是韩后对于人性与社会大众心理的洞悉。刚才肖总也说到爱恨情仇最易引起争议，在话题上是精准切中，同样的话题有很多，但也不是都能引发热议，那在传播路径和媒介选择上，韩后有怎样相对细致的经验分享给大家？

肖荣燊：在媒体的使用上，首先是传统媒体，我把它称之为带状媒体，并挑选最有影响力的媒体。

新媒体是网状分布的，基于某个节点不断地往外扩散，这种扩散其实是没有规律可寻的，唯一可以把握的规律就是节点本身及节点本身所对应的内容，把那个节点作为导火线点燃，最后爆破。

在执行的方法中，以上变成我对新媒体的一个定义。我从来不投资任何常态的新媒体，因为这种常态的到达虽然说有一定数据可参考，但是它的性价比远低于传统媒体，人在那种环境下接触的效果是非常差的，所以对所有的新媒体我使用的方法是：永远都基于某一个点的爆炸性事件，或者是项目或者是吸引力的融合，把它作为唯一的点扩散，扩散的效力如果好就继续大力推，不好就减少，把内容作为唯一标准。

所以我为团队定下要求：任何一次传播都不准做连带传播，从A连到B连到C，应该是在A就做到足够大。如果做不到你就放弃，而不是试图通过A连接B，B连接C，这是做不到的。把每一个传播的内容都当作炸弹。

基于此，我把一个团队分成两块，所有与传统媒体相关的工作划归品牌团队，所有与新媒体相关的工作划归公关团队。整合营销团队的出发点都是基于我们拥有某个创意，再去搜寻对应创意所需要的媒体，然后爆破。

第一或者唯一是韩后对媒体做选择的重要标准

廖卓斌（《信息时报》珠三角新闻中心主任）：肖总，韩后获得广州塔的广告投放权后，对企业营销贡献了多少？目前收回成本没有？

肖荣燊：首先，"小蛮腰"是广州乃至中国的一个媒体标杆；其次，小蛮腰带来的媒体传播效果，应该用媒体的价值感事件传播作为整体来判断。媒体的价值不应该用数据化去衡量，应该用影响力来判断。所以，我们使用媒体永远是这样的定义：希望它是唯一的，唯一就具备稀有价值；或者它是第一的，第一就意味着它有更高溢价的含金量。小蛮腰属于唯一或者第一标准里面的一个指标，而我们使用它的方法就是，以小蛮腰作为事件的载体源头，推动整个品牌的美誉度，成为加分的一个载体。

针对小蛮腰，我们 5 年的经营成本大概是两亿元，其实按一个媒体来评价，它占我们整个企业的费用并不多。如果把它劈成 N 个事件营销的源头，那它的单价就变得很低。非得数据化去定义的话，韩后拿下小蛮腰之后，在两天内消费者搜索百度指数达到了 7000，是当年张太事件消费者主动搜索量的两倍，这可以理解为它是一种品牌既有美誉度又有曝光度的一个架子。

从收效来看，小蛮腰是事件、知名度和美誉度的标杆，达到了我们的初步预期。另外也给我们带来了一些潜在的价值：韩后是广东的企业，抓住了广东消费者及广东利益相关群体，这些隐形的价值也因为这个事情带来更大的回报。因此韩后在广东有更大的知名度和美誉度！

企业主对媒体应该用影响力来评价，不应该用数据作为唯一评价。第一或者唯一是韩后对媒体做选择的重要标准。一个 10 克拉钻石的价值远大于 10 个 1 克拉钻石。媒体应该买最贵的，而不是性价比。

消费者重新定义品牌本身

刘聪聪：线上电商一直是化妆品行业一个很大的瓶颈，韩后是如何攻破这个瓶颈的？韩后现在线上销售和线下销售的比例是多少？

肖荣燊：电商品牌可以分为两类。一类是原生电商，把它统称为淘品牌，另一类延伸到了线下，我把它统称为线下品牌。这两个品牌竞争中的差异化就是淘品牌小而美，线下品牌大而笨。看懂了这两个逻辑之后，我让我的团队全部打向这些细分的淘品牌，打的方法很简单，就是根据品类增加一到两倍的营销费用，这相当于用红海刺刀策略抢份额。在电商里面，我的团队是开坦克的，我用一个坦克运营的规模 PK 一个开着小轿车的人，方法是直接碾轧而不是比谁转弯快。

电商运营的核心有四个点：品牌力、产品细分、电商运营技术、品牌传播。如果能把这四个点都串联，猪都可以做电商，尤其是线下规模化的品牌。如何保证做到这四个关键点呢？首先，品牌力，你的电商团队要拥有人权、财权、产品权等一切独立的权利；其次，保证有足够的灵活性，把产品细分这个问题解决；再次，从 2010 年到现在，电商行业已经累积了足够多的水平不错的成熟人才；最后，真正能做好电商的人，往往有一个特点——品牌传播力很强。

持销售逻辑的人永远是打价格战、打细分的竞争机会；注重品牌的人往往是做传播、做卖点、做影响力。所以，所有电商细分品牌做得好的企业，往往老板本人就是一个传播高手。因此，我鼓励做品牌的人去做电商。

现在的竞争环境中，电商化还处于第一阶段，其特点是规模强于细分。其实未来电商对线下品牌的真正意义不应该在第一阶段，而是我理解的第二阶段——电商面向消费者重新定义品牌本身。因为线下品牌往往是线下的规模化经济中的人群细分，被细分的人规模仍然是最大的，永远不可能有细分个性化的机会。而电商应该有足够多的细分机会切入后再倒过来。这是改造线下品牌最好的一次机会。

新媒体时代的传播策略

群访嘉宾： 王冬，立白集团品牌中心副总经理兼媒介传播部总监；连续主导三季《我是歌手》的冠名和整合传播。2014 年"好爸爸"创新传播案例获得 17PR 2014 最具公众影响力企业社会责任奖，第 14 届 PRWeek Awards Asia 年度产品品牌传播金奖和大中华区年度公关传播铜奖。

主持人： 陈特军，蓝莓会创始人，新莓会理事。

陈特军： 首先请王冬给大家介绍立白这家唯一在洗涤这个日化主战场打败宝洁的中国本土企业。

王冬： 我们公司成立已超过 21 年，集团除了洗涤品牌"立白"，还有"好爸爸"；同时，我们也有驱蚊杀虫品牌"超威"及子品牌"超威倍倍健"，还有护肤品"高姿"，以及牙膏"六必治"、家居清洁用品"威王"，等等。

21 年来，立白一直以一步一个脚印稳健踏实的态度前进，感谢各界的支持和帮助，我们会不断地继续努力。现在虽然取得了一定的成绩，但是离未来的目标还很远。

嫁接娱乐热点，引爆传播

陈特军： 能给大家介绍立白的品牌与媒介策略吗？给大家做一个全景式概览。

王冬： 立白的品牌与媒介策略很简单，就是要跟随消费者的脚步。消费者愿意听什么，喜欢以什么样的方式接受品牌信息，我们就会用什么样的方式跟他们沟通。因为立白品牌包括立白集团下面的各个品类，都属于比较低关注度的产品，因此我们借助目前消费者更关注的娱乐方式跟他们进行沟通。所以，近两年立白集团做得更多的是娱乐式营销，同时也会在一些小品牌的发展初期，在费用不足的时候，运用一些寄生营销或者叫作借势营销的方法。

低关注度的品类在进行品牌传播时会有一些尴尬，当我们去讲品牌信息或者产品信息的时候，消费者总会露出一些疲态或者表现出不太愿意沟通的样子，所以我们必须找一些事件让他们关注，再将这些事件嫁接到品牌上。

对于娱乐营销，我们近年一直有一个做法，就是把消费者或者说观众，对娱乐的消费和喜爱转嫁成为对品牌的喜爱和消费。近3年，我们对立白洗衣液或立白皂液做的娱乐营销传播《我是歌手》及2014年对六必治做的整合性营销传播《嗨！2014》，基本上都抓住了娱乐营销的热点，有了这样的噱头和热点之后，把它作为一个纽带，再通过不同的媒体、不同的方式、不同的手段和消费者进行沟通交流。我们进行的"好爸爸"的整合营销传播，更多的是借助一些娱乐热点进行寄生营销。

简单归纳起来有两种主要的方式：第一个方式是，找到一个可以引爆的大的娱乐热点，然后用它作为嫁接或者传播自己品牌的核心引爆点；第二种方式是，当没有找到一个大的娱乐热点时，就自己制造一个话题，然后通过这个话题把品牌与另外一个大的娱乐节目关联。

新媒体借势与整合性传播

张培喜（雅士利公关媒介中心总经理）：对《我是歌手》节目投放广告进行娱乐营销，立白是斥了巨资，当时是否有考虑投放的性价比问题？播出《我是歌手》电视节目的同时，立白是如何做好新媒体及全方位营销的？

王冬：作为一个民营企业，进行线上广告投放，考虑性价比是必须要做的第一步工作，我们选择一个节目投放广告的时候，也必须要考虑这一点。但评价或者评估一个节目的性价比，要从不同的方面综合去看：首先，我们必须要看这个节目本身的价格；其次从另外一个角度去评估，如果对其投放广告，它能给品牌带来多大的效果，进而能转化成多大的品牌经营利益。如果可以尽量地放大这些效益，如果达到甚至超出了我们的预期，我们就觉得性价比很高。所以，不一定贵就是没有性价比，主要看综合效果有多大。

总体来说，我们连续做了三次《我是歌手》的冠名投放，每一次我们的费用都在可控范围之内，在公司看来这也是非常重要的一个考核指标。

在进行《我是歌手》冠名的同时，我们一般会做3大方面的辅助性传播：第一是辅助性提升影响力的户外媒体传播，比如说公交、地铁、写字楼的 LCD 等；第二主要是做互联网提升互动性的传播，这主要在社会媒体上进行，更好地运用综合性网络平台（例如腾讯网）；第三是结合我们公司自己的渠道进行终端传播，能够把节目的影响力直接转化为终端品牌化，打造终端消费者购买的拉力。我们每一次都会做这样三大方面的整合性传播。

可行性越低的节目，成功率越高

赵亮（金融行业，市场总监）： 能够准确地把握热点是娱乐营销的关键，在选择市场上繁多的节目时，如何在机会面前当机立断呢？以《我是歌手》为例，如何选定合作和进入的深度，以及在节目的什么阶段进入会更有把握？

王冬： 选择一个节目，我不敢说自己有多么科学合理的评估体系，但有些基础的条件是一定要考虑的，包括平台影响力、制作团队、导演、节目中请的明星、主持人等这些常规元素，我们还应该看一些非常规的因素，即会对这个节目产生一定影响力的元素。

这些元素主要包括：第一，这个节目它所反映的或者背后所反映的一些热点和话题，是不是当下或者是现在主流人群最关注的。第二，这个节目在这个平台上所承担的角色，是大众节目，还是进行某些方面提升的重要角色。第三，这个节目是否具有差异性，与现在市面上的节目是不是一样？这个节目执行下去的可能性有多大？越是不可能执行的节目，它一旦执行出来，成为热点的概率就会更高。

以《我是歌手》为例，为什么我们会选中第一季《我是歌手》？而且当时在选择的时候，立白会选择这一栏目，台里根本没有抱希望。我们主要考虑到：第一，在《我是歌手》要推出的时候，正是平台急需打造一个有影响力节目的关键时刻，所以对这个节目非常重视；第二，当时这个栏目名称还不叫《我是歌手》，而是叫《风云再起》，给我们的 PPT 也非常简单，但对节目的定位很清楚——让已经成名的歌手 PK。在那个年代，市面上没有这样的节目，也没有人敢让歌手去 PK，所以这个节目的可行性是很低的，但是一旦成功了，就一定会爆出热点话题。

所以，当时主要是考虑到这两点：第一，这个节目可执行性很低，但是一旦执行起来就会很精彩；第二，平台非常重视，而且平台本身也是非常有实力的，它的制作团队经验非常丰富。在这一前提下，这个节目成功的概率比较高。

当然，在评估一个节目可行，或者是与自己契合度比较高，值得选择之后，越早地进入节目制作过程越好。但是，在与节目合作的整个过程中，有一个点是要把握的：我们要在节目里体现自己的品牌信息、产品信息，但是有一个原则，我们不干预节目组对节目的制作，因为制作节目，让节目更好看，那是节目组的责任，而且他们最专业。让一个节目做得更好，我们需要沟通的只是让品牌和产品信息表现得更好。大家在一起进行思想的碰撞，就能够在保持节目品质的同时体现出品牌的信息。

娱乐营销的关键要素

廖军连（蓝莓会副秘书长）：王总你好，可否归纳一下一场成功的娱乐营销需要哪些关键要素？

王冬：首先，娱乐营销一定不要变成只娱乐不营销，必须是在娱乐的基础上有品牌的营销，即在娱乐的过程中，把品牌的信息传递出去，同时节目不仅仅指娱乐节目、综艺节目，而是要有一种营销的态度，即能够用一种娱乐的方式把品牌信息传递给观众、消费者，能够用娱乐的态度与他们沟通。

什么是娱乐式地去讲解自己的品牌信息呢？比如在《我是歌手》的栏目里面，大家经常会听到非常规口播，"立白歌手我是洗衣液"，包括后面古巨基讲的是"洗护合一新专辑"，这在传统看法里是一种错误的口播，是品牌方不希望的，但我们用这样的方式灵活地传播，反而让大家很开心地接受了趣味化的品牌信息。同时，很多观众，包括消费者非常乐意自动转发这样一个娱乐式、口误式的口播，让整个信息发酵得更快。

李玉虎（爱阅读教育科技公司联合创始人）：立白与宝洁等国际巨头竞争由来已久，真正的本土优势在哪里？在海外市场还有机会吗？

王冬：谈到民营企业跟外资企业的竞争，其实大家各有优势。在我看来，民营企业最大的优势就是更加灵活，更加了解本土消费者及本土的国情，能够做出更加贴近消费者、贴近市场的举措。

当然，我认为我们的产品跟品牌在海外市场是有机会的，而且我们也在一步一步地做海外市场，因为无论从产品品质，还是产品创新，我们都不输外资企业。

寄生营销的关键点

刘前进（麦考林网络营销总监）：王总，您刚才提及新生品牌或者小品牌会采用寄生营销，您能推荐几种有效的寄生营销方法吗？

王冬：寄生营销的关键点是要找到用来寄生的纽带。品牌与要寄生的栏目或者事件之间要关联起来，这个关联的纽带可以是自己去创造的，用事件也好，用话题也好，找到把品牌跟大事件关联起来的那个关键点才是最核心的。

当然，这个关键点一定是当下最热的热点话题反应或者是最受消费群体关注的话题反应。举一个例子来说，去年我们在做"好爸爸"整合传播的时候，如何要把"好爸爸"跟我们想去借势的内容关联起来呢？毋庸置疑，关键词一定是"爸爸"，那么爸爸怎样才能受到大家关注呢？我们当时就去挖掘、洞察消费者的心声——消费者会认为爸爸对待孩子有时更像对待一个玩具，没有很多时间去陪他——抓住了爸爸角色缺失这一热点话题，然后制造了一个要租爸爸的事件，再把它发酵炒热。通过这样一个父亲角色找回的话题，把品牌跟最受关注的娱乐事件联系在一起。

凌笛（非常旅行联合创始人）：做栏目的娱乐营销，线下推广最重要的是什么？

王冬：做栏目的娱乐营销，线下推广最重要的就是"产品"两个字。娱乐只能帮助我们把消费者引到身边，真正要发生购买决策，就指望线下推广这一步。那么我们这一步的关键核心就应该是，在渠道上有什么优势，在产品上有什么优势，以及产品能够真正给消费者带来什么。所以，娱乐内容是帮助我们把消费者吸引过来，产品是真正促进消费者购买的最后一步。

如何评估视频网站的传播效果

凌笛（非常旅行创始人）：怎么看视频网站的传播效果？如何考核？

王冬： 对于视频网站的传播效果，现在应该从两个角度去看。首先是传统的贴片，这种形式比较简单，其实跟电视硬广是一样的，只不过传播的平台不一样。现在一些消费者更愿意在网络上接受内容的时候收到硬广，这相对来说是对其他媒体的一个结合和补充。

其次，互联网综艺应该说是近一两年才兴起的形式。在视频网站上做娱乐营销，其实等同于另外一种电视营销，因为毕竟电视上的娱乐已经不能完全满足消费者接受内容的需求，也不能完全满足品牌传播信息的需求，所以会出现互联网综艺这种内容。这个一方面是互联网媒体迎合消费者的口味，去创造综艺栏目；另一方面，品牌在消费者更愿意接受的平台上传递自己品牌的内容，是为品牌进行互联网传播的新形式和新渠道。

对互联网传播的评估，我们目前主要依靠第三方机构。传统的视频贴片就比较容易进行监测，其他形式如社会媒体的运营、互联网综艺的合作，主要是通过第三方机构进行的，他们有自有评估模型，会给我们输出一些结果。比较客观地看待这个结果，才能评估这样的合作和这样的投放是否有效。目前我们也没有非常成熟的评估体系，还在不断地摸索中。

谢俊皓（拉芳家化采购二部副总监）： 立白的栏目营销做得非常好。不知道在执行上是以企业自有的团队为主还是依托外界专业的公关团队？

王冬： 我们做栏目的整合营销主要是品牌中心媒介部进行整体把控，包括对于整体的方向把控、营销策略、媒体组合，以及我们希望要传播的品牌和节目的结合点、情感的传输点。当然，公关执行是由第三方公司做，一些创意点也是由公关公司做。

在什么关键点露出品牌信息最有效

赵亮（金融行业，市场总监）： 由于洗衣日化类产品无法像快消品（如饮料、零食）在节目中直接出现和使用，如何合理地设计露出，以及节目中哪些关键点、关键环节的露出是最重要的和效果最理想的？

王冬： 赵总这个问题提得特别好，这也是一直以来我们都很重视，不断地去研究探索，怎么才能不断提升的一个问题。经过三年与《我是歌手》的合作，也有一点小小的经验跟大家分享一下。

第一点，因为我们是洗涤产品，不能在现场出现，如果摆一支洗衣液在那里，不仅观众难受，自己看着都不舒服，所以我们首先采取以品牌名跟产品名 LOGO 呈现的方式。当然，这种方式比较传统。同时，我们要更多地借助主持人和嘉宾的灵活化口播，进行品牌信息传播。比如"立白歌手我是洗衣液""洗护合一新专辑"等这样的灵活化口播，以及歌手们在真人秀部分互动的口播设计。

第二点，借助产品或者品牌的其他符号进行传播。比如我们在举办立白皂液《我是歌手》栏目的时候，品牌中有一个"白小七"的卡通形象，那么在随后的节目里面，"白小七"的形象就可以很自然地出现在抽奖部分、真人秀部分，以及节目包装形式上。

第三点，不能仅仅借助在节目内暴露和曝光的这些信息，而是把节目曝光的信息作为一个噱头和原点，进行外围配合式的、炒作式的话题传播，或者是与消费者的互动式传播，达到整个品牌信息传播最大化的效果。

近年来，尤其是从韩国引进的节目，剧本设计是非常重要的，甚至把节目当成电视剧、电影的角色来设计，节目组更注重节目的可视性——怎样吸引观众的关注度和关注点。我们在节目合作过程中，要深入地与节目组探讨，在进行节目剧情设计的时候，怎样合理地把产品跟品牌的信息体现出来。

郑微说（优阅达数据运营总监）：立白皂液这个新品类是为了和其他竞争品牌品类进行传播区隔么？比如洗衣液。有没有这个品类产生的内部故事？

王冬：立白皂液这个产品，其实是针对部分消费者对现有洗衣产品不满意的地方开发的一个产品，它有着去污力更好、更容易漂洗、对衣服保护得更好等特点，所以这是满足一些消费者对于洗衣产品要求比较高的需求点开发的。

公关与媒介如何完美配合

陈特军：很多企业把公关与媒介区分得很明确，而"立白我是歌手"可以说是公关与媒介配合的典范，媒介话题做原点，公关二次扩散传播，在公关媒介配合方面有哪些经验可与大家分享？

王冬：这个问题确实是我们在做《我是歌手》整合传播的过程当中，比较值得说的一个点。我们进行公关时，都会提前在节目中预埋话题，这样就使话题点在节目中得到体现和传播，然后再把它与公关的话题结合起来，就能做到更好地融合，传播面也会更广。

比如说，我们在做立白洗衣液品牌的洗护合一这样一个非常商业化的品牌定位时，直接在节目中宣传，在节目的海报中体现；在宣传立白皂液天然特性的时候，我们抓住的是"真天然"这样一个特点。

汪亮（霸王集团副总经理）：立白从粉精皂到洗衣液、皂液，产品线和品牌传播不断走向高端，这一路的心路历程是怎样的？

王冬：要解决打造品牌这一比较大的问题，不仅仅是要做到品牌的传播，品牌产品本身也是需要进行提升和改进的，要更适应现有的消费者需求。品牌宣传的广告素材，包括电视广告、平面广告的内容，都会向着这个方向不断地调整。这也是为什么立白品牌会与《我是歌手》《爸爸去哪儿》等娱乐节目合作的初衷。

谢俊皓（拉芳家化采购二部副总监）：我发现立白有企业微博和栏目微博，分开运营是基于何种考虑？如果与栏目未来不合作了，是否影响到账号的运营？

王冬：因为立白集团除了立白品牌之外，还有其他品牌，所以我们一定会有一个企业的微博，从企业的角度发声。

另外，其实并没有栏目微博，那是立白品牌的微博，只不过是在进行娱乐营销时，在与栏目合作的过程当中，依托栏目来吸引更多的粉丝关注。以后不再与栏目合作的时候，就会把它改成品牌微博的名字。当然，微博的运营依旧会保持之前与消费者或者粉丝沟通的风格，让他们感觉到我们没有变。

黄涛（网易理财媒体关系总监）：立白除了在电视栏目大手笔投放，还在其他媒介上做辅助营销吗？在新媒体上采取什么样的策略？仅仅是作为二次曝光的一种手段吗？

王冬：黄总的这个问题问得特别好，我们在做栏目的投放时，当然也会做其他媒体形式上的辅助营销。在新媒体的方式上，与第一季《我是歌手》合作的时候，确实是二次曝光的成分和角色更多一些，但是在第二季、第三季，我们就把这样的做法提升了。在新媒体上，希望借助消费者和观众对节目关注，把这一关注度转移到对品牌的关注度上。

比如说我们在互联网上，通过《我是歌手》，把观众的关注度转化成与品牌的互动。在这种情况之下，娱乐栏目及这个娱乐噱头，只不过是我们的一个由头，用户真正与我们互动之后接触到了更多的品牌信息。做到了这一步，不仅仅是二次曝光，更是借助娱乐栏目强化消费者与品牌的互动与沟通。

关于这一点，我们在 2015 年第三季《我是歌手》取得了比较好的效果。通过腾讯的单一平台，最终真真正正地实现品牌与用户进行互动，包括投票、评论、转发这样真正发生互动关系的人大概有 4000 万以上。

陈特军：问个尖锐点的问题，你有没有参与规则制定？有没有自己期待的结果并施加影响？

王冬：很坦诚地讲，真没有。因为刚刚已经讲了，在节目可视性的角度上，我不会干预节目组任何规则的制定，因为我也担心，如果我参与了规则的制定，万一收视不好，这个责任他们会推给我吗？

当然，这有点开玩笑了。我觉得还是应该各司其职，我们做我们最应该做的、最专业的事情。

最后我再跟大家啰唆一句，其实我挺担心大家有大手笔或者是土豪式投入这样的议论。我们在做了投放之后，一定会做一个综合性的评估，其实与《我是歌手》合作之后，无论是在品牌的角度，包括知名度、美誉度，还是消费群体区域的结构转化或者调整，都是非常有效的。另外，对产品及销售方面的提升也是可以看得到的。总的来看，这样的投入目前来看还是值得的。

最后我还想补充一点，立白的整个媒介部正在探讨一个课题，希望能够挖掘出更多跨品牌的合作，希望能够与不同行业或者不同领域的品牌合作，找到一些社会热点，找到一些有趣的点，大家共同做一些事情，把我们之间的资源整合到一起，与消费者沟通、互动，让大家看到一些眼前一亮的不同组合。

所以，在这里我特别真诚地希望能够与不同领域的品牌或者不同的小伙伴探讨，怎么能够做一些跨品牌的合作或者是一些有趣的事情。

尚品宅配如何玩转微信营销

群访嘉宾: 曾凯,尚品宅配副总经理。历经8年,从一个资深的媒体老兵华丽转身,成为家居电子商务实战派营销人,负责尚品宅配电商整体运营工作。在电商网站内容运营、互联网平台营销推广、市场渠道管理方面均有非常丰富的理论与实操经验。从2014年3月起开始兼管负责尚品宅配微信服务号的整体运营工作,目前尚品宅配微信服务号粉丝达到850万,在中国企业微信财富榜排名第一,整体品牌估值达到53亿元人民币。

主持人: 章茜,曾任《都市人》杂志主编,汤臣倍健数字营销负责人,蓝莓会CMO。

微营销成本和如何用粉丝效应提高营销效率

苏虹(淘股吧品牌公关总监)和王涛(《今日头条》佛山区总监): 据说尚品宅配花了很多钱来做推广,今年的预算是1亿元,请问尚品宅配去年微信粉丝300万,投入成本大概是多少?投资回报情况如何?投资回报的标准是什么?转化成用户的比例是多少?

曾凯: 截至2015年3月份,尚品宅配的总粉丝数在300万左右,投入运营的成本大概是一千万元,目前的收益还是比较可观的。按照我们的商业模式,可以提供免费上门量身设计家具服务,在我们的微信公众号上提交需求的用户,每天大概有1000个以上。但是因为服务区的一些问题,每天能够上门量尺寸的用户在200~300个之间。按照我们的数据模型,相当于大约每天可以获取200万元以上的销售额。如果说按照投入产出比来计算,我们的ROI(投资回报率)应该是在1:20以上。

章茜: 如何通过粉丝效应提高营销效率?

曾凯: 通过粉丝效应提升营销效率,最大的好处就是可以借助微信自媒体属性。从营销的角度来看,以往通过任何一个营销渠道,我感觉都可以达到一些同类型的效果，但是微信可以有粉丝沉淀的作用。例如以前我们在百度、360等渠道获取客户，方式有点像在大江大河里面捕鱼，每一次吃完鱼以后又要从头去撒网，是一个不断寻找新客户的工作。但是微信我们可以把它看成一个鱼塘，往微信里面注入新的粉丝，就好像是向鱼塘里面撒鱼苗，不仅可以随时随地捕捞，还可以让鱼群自然地生长，形成一个独立的生态圈。

因为尚品宅配属于定制家具行业，没有高频次重复购买的产品。一般情况下，同一消费者三五年以后才会考虑第二次的购买，这么长的时间段之内我们没有办法对老客户进行会员制营销，必须要利用粉丝这样一个群体，沉淀每一次的营销成果。

我们的吸粉渠道主要来自于三个方面：第一，线下渠道增粉。我们线下渠道的点非常多，全国有700多个店，而且都在shopping mall（商场）里面，对于商场来说，一般每天进店的客户数都在3万以上。第二，在微信推广平台通过花钱购买粉丝。第三，我们现在粉丝已经有300万的基数，每篇文章发出去以后，其实都有一个媒体的发酵作用。

章茜：目前尚品的订单有多少是来自微信端？

曾凯：保守来看，我们电商这条线收入的60%是来自于微信端。

陈治华（圣象地板副总裁）：微营销推动的销售订单占全部订单比是多少？每单平均成本大致是什么比例？

曾凯：只能说我们微信订单金额占电商总比60%，成本就不能说了。

章茜：有莓果问，产品的定制化和价格的大众化在一定程度上是相违背的，这一点有没有对尚品宅配的微信运营和营销产生什么困难或者挑战？

曾凯：关于产品的定制化和价格的大众化，我认为只要解决了柔性化生产的问题，其实都是统一的。如果说这两方面有违背的话，一定是从成本和效率两方面来考虑的问题，但是我们的柔性化生产其实能很好地解决这个问题。

尚品宅配的微信运营秘籍

章茜：对于一个没有大规模预算的公司，在微信的推广上，从哪些地方着力突破，才能获得优质用户？

193

曾凯：对于这个问题，我可能没有太大的发言权，因为我们一开始走的就是烧钱的路子。但是我觉得微信传播，还是要借助三个主要渠道：

第一，是微信推广平台的付费。找一些有需求的客户，这在初期是非常重要的，因为粉丝的第一拨原始积累，必须有一个很大的基数去支撑。当然这个成本非常高，大概每个新粉的成本应该在四五元，如果要考虑到退粉之后的竞争粉成本，可能还要上浮40%。另外，还要建立在有强大的技术运营团队的支持下，并且前期不要有任何的ROI考核，否则达不到这个效果。

第二，要有足够多的线下渠道去支撑。我们全国有700多家店面，基本上我们都是进驻在万达、苏宁、银座等人流量比较密集的购物中心，店面人员会做一些增粉的引导，这已经成为线下销售人员的基本操作守则。

第三，内容运营才是根本。首先，我们群发的文章都会特别精准地分析用户的需求，然后再做针对性的创意，我们的文章基本上可以达到5万次以上的阅读量，10万次以上也很多见。当然，这跟我们的粉丝基数有关，不过可想而知，微信文章的关注度也是非常高的。

另外，通过我们刚刚所说的微信推广平台也好，线下增粉的渠道也好，所获取的粉丝其实都不是黏性非常强的用户，退粉的概率非常大，所以我们要练好运营的内功，才能让增粉与退粉的数量拉开。我觉得没有大规模预算的公司，可能在前期积累粉丝的基础上，还是要有费用的支撑，然后再去做一些扎实的内容。

钟可芬（广州王老吉大健康产业有限公司公关部总监）：怎么提高用户黏性呢？

曾凯：对于提高用户黏性，应该分成两个维度去看待这个问题。首先，你必须要保证送达客户的都是好内容，因为对于美好的东西，大家都不会拒绝。

这个内容我们怎么判断它是好的呢？关键是看该内容是不是用户真正需要的。我们会给每一个粉丝设定一个标签，进行个性化的粉丝运营。每新增一个粉丝，我们会有非常多的节点来给这个粉丝贴上类别标签，例如性别、年龄、城市、收入，对于家具的风格喜好、色彩、关注时间、功能等等，我们要有效地利用这些标签对用户进行个性化的推送与服务。

这就要求我们在微信后台形成一个一流的CRM（客户关系管理）系统，可以最大效率地管理客户关系。从后台动作上来看，系统会把用户每一次在微信号里面点击菜单和浏览文章的轨迹，全部记载在后台聊天系统中。当用户跟我们的微信客服及 400 客服沟通的时候，我们有一整套的流程，让客服跟用户沟通，完善用户的标签。在向用户推送内容的时候，我们会自动读取用户的标签信息，例如，用户是广州的，就会推送给他一些广州的案例与优惠；如果说用户在厨房的图文阅读中阅读时间最长，说明他对厨具最感兴趣，就给他推送一些厨房的精品案例；等等。这些针对用户喜好的内容运营，才是我认为最好的提升用户黏性的方式。

此外，微信中有一个 48 小时权限，即在 48 小时之内我们享有对用户无限制推送内容的权利，所以，我们会非常好地利用这个 48 小时权限。我们会在后台里设置一个倒计时的权限，并有专门的团队运营，比方说用户失联 8 小时、6 小时、2 小时，不同的时段我们都会激活会员一次，让用户不断地享受 48 小时权限。这也是我对其中一个团队的考核指标。

章茜：除了标签化用户，尚品宅配还如何通过微信实现与消费者的互动重建？

曾凯：无论是系统自动读取标签，还是通过互动完善用户的标签，都是我们在互动上面跟用户建立信任感和服务传输传递的最好方式。

当然，为了让公众号人格化的特征更加明显，让用户更加喜欢和我们互动，我们还采取了一些其他措施。比方说把微信客服人格化，我们的微信用户在年龄上比较年轻，所以我们力图让用户在跟微信客服的沟通中感受到差异化。

在整个微信运营的沟通中，我们在全行业首创智能客服的服务方式，所有的客服人员都叫一个名字"小微"，他们是一个 24 人的团队，把我们的品牌演化成各式各样的情感传递给粉丝。在微信公众号里面，你可以遇到非常活泼可爱的"萌萌微"，也可以碰到一些性格直爽的"汉子微"，还能碰到我们所说的"教授微"，他们可能上知天文下晓地理，不管你发出去的信息通过哪个信号传输给小微，都可以在极短的时间内得到比较满意的回复。

杜卫东（广西华晟名置业总经理）：购买产品后，粉丝凭什么还要继续忠诚，而不是取消关注？

曾凯：我们卖给用户的不是一张床、一个沙发或者一个衣柜，不是这种单独的产品，我们所卖的是一种生活方式，因此有一定的延续性。比方说我们可以对购买产品的用户，提供保养的知识等售后服务，甚至客户的家居布置格局都是我们来设计的，我们很清楚客户在哪里需要摆一个花瓶，在哪里需要摆一个装饰品，这些都可以通过我们的微信向用户提供服务。

所以，不要很功利地看待我们和用户的关系，如果已经把顾客定义为用户，这种关系就不是以前单纯的买卖关系，而是一种不断向用户提供服务的关系，所以只要体现不断服务的精神，粉丝一定会对我们表示忠诚。

屈梅梅（新希望食品公关经理）：线下吸粉活动和好的线上文案，哪个重要？活跃粉丝大概多少，粉丝转化率大概多少？

曾凯：线上的文案及线下的吸粉活动哪个好？我觉得这个题目应该是一个伪命题，不存在哪个重要，哪个不重要，都很重要。因为大家做的是不同维度的事情，线下增粉是为微信粉丝基数不断扩大，而线上文案可以在线上进行传播和扩大粉丝基数，同时也是一个很好的用户体验。

如何架构团队、技术后台和利用大数据分析

杜宝仪（绿瘦健康产业集团公关总监）：既然内容是核心，你们的内容设计强调什么特点？内容团队如何配置？

曾凯：我们的内容设计分为两个方面：一是共性化需求的研究，二是个性化群体的研究。我们有一个非常庞大的案例库，多年以来积累了至少三四十万个方案，任何一个群体的人，需求一定不会逃出这个案例库的范围，我们的内容团队会进行一一对应，就好像连连看一样。比方说，比较高收入的人群非常知性，他们欣赏时尚的东西，我们就会把这部分人群和对应的内容连接起来。而一些35岁或者40岁以上的人，可能讲究稳重，我们也会有相应的案例，通过案例的说明，进行内容的捆绑和对接。所以说我的内容团队并不是进行原创，而是进行匹配。

在我们的商业模式中，有一个核心竞争力叫作云计算。在云端，我们的产品库、案例库、模型库及房型库在前期的积累非常庞大，现在通过微信把用户和这几大库进行对接，慢慢就发挥威力了。

章茜：刚刚曾总也提到种种功能都需要依托强大的技术团队来支撑，没有技

术升级的互联网转型是一次死亡之旅，能跟大家分享一下数据化管理和技术后台（团队架构）的成功经验和需要避开的雷区吗？

曾凯：莓果提的问题都非常专业。技术给我们最大的支撑是提供数据化的管理，这也要分成两个维度来分析。

第一个维度是通过本身的外部运营数据去解析我们的运营水平，并做一个及时的调整和优化。可以通过一篇文章的转发率、预约数量，每一次群发后新粉的增长幅度，以及微信号内部每一个按钮的打开率、浏览率等数据来了解日常运营。

第二个维度是通过给每一个粉丝设定的标签来进行个性化运营方式。例如，每新增一个粉丝，我们会有非常多的节点，给这个粉丝贴上非常多的标签，记录下粉丝的年龄、性别、城市、收入，对于家具风格的爱好、喜好，以及家庭成员，等等。我们会利用这些标签向用户做个性化的内容推送。以上就是技术对公众号运营的最大支撑。

壮文英（金红叶品牌总监）：给粉丝贴标签的后台 CRM 是自行研发的吗？

曾凯：这个 CRM 后台是我们自己开发的，技术实现并不难，难点在于我们要针对自己的商业模式，将其切成不同的切片，然后再看需要提取哪些数据进行分析和研究等。可能会应用一些大数据的概念，但还不能称之为大数据，只能称之为企业内部数据驱动运营。

李燕（万达快钱高级公关经理）：我想请教下，微信一年增粉 300 万，在运营过程中流失率是多少？如何控制流失率？另外，请介绍一下你们的微信运营团队。

曾凯：我们平均每天的增粉中会有 30% ~ 40% 的流失率，这个流失率我认为是正常的。因为我们增粉的方式，一方面是通过微信推广平台找到一些精准的用户，另一方面是通过线下门店进行扫码关注获取的。

在线下门店扫码关注，我们会用一些常规的利益输送式的补贴方式，比方说用户扫我们的二维码，可以送一杯可乐或者一杯爆米花等之类的小礼品。很多人都是冲着这个小礼品来的，可能还会有很多人认为，关注一次就能得到一个礼品，取消关注以后再次关注，又可以获得一个礼品，如此一来，其间的损耗会非常大。实际上我们的后台是可以记录的，比如说你曾经关注，我取消了关注之后再关注，是不会算一个新的粉丝的。真正要做的事情就是，让对我们有真实需求的用户，以及对我们的内容、模式感兴趣的用户能够留下来，能够沉淀下来。

我们整个的微信运营团队是 100 多人的规模，现在分成 5 个组，有产品组、文案组、活动组、推广组和互动团队。

产品组主要是负责数据优化和架构版面，通过各个按钮的点击率、打开率及用户的停留时间来判断按钮设置得是否合适，内容设置是否得当；而文案组负责个性化内容的创作与推送；活动组负责策划与粉丝的互动活动，提升粉丝的黏性，激活粉丝；推广组负责增粉；互动团队就是微信客服。

此外，还有一个技术团队，但技术团队并不是只属于微信团队，因为整个网站是一个电商网站，其后台、前台，包括服务器，都是由技术部负责，技术部里有一个专门的团队来处理移动互联的技术问题。

鲁婧（密莉科技创始人）：除了技术系统以外，需要花多少人力放在与用户的沟通上？

曾凯：我们的微信客服团队只有 24 个人，24 个人服务 300 万粉丝，并不是每天都与 300 万人进行沟通，而是一个被动地响应用户的沟通需求。因为我们一致认为，在客户不找你的时候，如果没有特别强烈的需求，不要去找客户；当客户找你的时候，你要第一时间做出反应。所以，客服团队的配置要满足这样一个基本的指导思想。

杜宝仪（绿瘦健康产业集团公关总监）：了解粉丝读一篇文章的时长和分析他们打开了哪些房间，在微信后台是怎么实现的？ 24 个客服可以服务 300 万粉丝，客服主要是要获取用户特性和数据的，不会进行购买指引，是吗？如何让粉丝转化为用户？有没有转化的数据？

曾凯：实现后台用户轨迹的记录，在技术上并不难，以前在 PC 端怎么做的，在移动端也是一样，只不过你需要有把微信上的接口和原有的后台捆绑起来。

客服肯定会进行销售指引，但是在他们的工作流程中，我们会硬性地把几项工作列在前面，不管客户最后有没有购买，有没有成交，但在前面哪些问题没有问到，客户的问题是否解决，必须明确。在他们的 KPI 里面，这一部分工作的占比是非常重的。

在微信中不要强力地去把粉丝转化为用户，因为这样做违背了微信本身的社交属性。对于粉丝来说，完全可以分为两类用户，一类是我们的产品购买用户，另外一类是内容消费用户。所以我们一定不会在前端带有非常明显的促销性质。我始终相信好的东西就会有人赞美，就会有人传播。

如何打通线上线下形成闭环

章茜：尚品宅配打通了线上线下，实现了闭环，对其他传统企业，尤其是渠道代理商有什么建议呢？

曾凯：很多人说线上的电商和线下的经销商渠道是水火不相容的，因为大家都担心自己的利益蛋糕会被对方吞食，实际上只要解决好利益分配问题，就不会有什么矛盾。

现在尚品宅配的电商，并不是在线上直接交易的，必须通过O2O来实现，O2O线下这一环就是加盟商来承担和实现的。我们也不赚取经销商这部分的利润，只是收回一点点成本——在销售额中提取一定比例的服务费，只赚取加盟商向我们工厂下单的那部分生产利润。对于加盟商而言，他抢的是线下的渠道，而我们是抢夺了线上的营销。所以，把我们双方的优势通过O2O来进行连接，就不会有什么隔阂产生。

杜宝仪（绿瘦健康产业集团公关总监）：对于处在电商平台的企业而言，你认为应该让微信更好地承接和服务既有用户，还是让移动端与PC端形成两个渠道？

曾凯：我不知道大家有没有注意两个数据，一个数据是2013年天猫"双十一"移动端比例的增长，另一个数据是今年发布的去年移动端和PC端的对比数据。我们移动端的数据已经增长到了5.57亿人，而PC端也就是5亿人左右，其实移动端的流量大于PC端，这是演变的一个趋势。大家可以去观察身边到底有多少低头族存在，就可以解答这个问题。所以，以后企业营销的重心还是应该放在移动端。

杜宝仪（绿瘦健康产业集团公关总监）：其实我的问题不是PC端和移动端之分，而是对于一个在PC端积累了用户数据的企业，应该如何利用移动端？是提供服务和为电商平台吸粉，还是转移用户到移动端，或是把微信作为一个重点开拓的新战场？

曾凯：我们以前尝试过把传统 PC 端积累的用户数据向移动端引导，但过程非常痛苦也非常缓慢，很难达到预期的目标。对于现在的用户来说，要驱动他干某一件事情，基本上还是要靠服务为主，主要强调在移动端有哪些服务可以超出 PC 端的体验。

以我们现在的运作方向来看，其实是把微信作为一个新的战场在开拓，同时会利用线下的传统资源，比如在门店，我们专门有一个导粉的流程，所有线下服务人员都会按照一个标准流程，把用户向线上导流。其实这一点我们也是借鉴七天酒店的做法，他们之前给所有的用户提供矿泉水，但是后来七天的新媒体发布之后，在流程上就不给客户提供这种免费的矿泉水了，除非你在它的柜台扫一下二维码，这种转移成本还是非常高的。所以我建议还是把微信当成一个新战场去开辟吧。

对于这个问题，还有另外一个案例。顺丰快递以前要求客户通过签名的方式确认收货，但把这种签名的方式改成扫码以后，顺丰快递的微信服务号粉丝数量暴增，在很短的时间内就达到了一千万。

杜卫东（广西华晟名置业总经理）：曾总，运营新媒体尤其是微信，与传统大众媒体有何本质不同？

曾凯：新媒体也好，大众媒体也罢，媒体属性是一致的，但是新媒体有一个社交媒体的属性，所以在传播方面，更多的会考虑即时传播的作用。其实很多新媒体做得很好，有媒体经验的人去做，会更好一些。

途家网：3 年 28 亿元，你家人知道吗

群访嘉宾： 唐挺，途家公共关系总监，目前在途家负责品牌公关工作。2002 年开始先后在 CDP、APR 等 TOP10 PR 公司工作，2010 年加入蓝色光标投资的华艺传媒，担任执行副总裁。12 年公共关系从业经历，对公共关系、品牌传播、危机管理、新媒体传播有自己的独到见解和丰富经验。2012 年—2015 年，连续四年担任艾菲奖大中华区评委。

主持人： 廖军连，蓝莓会副秘书长。

2015 年，途家宣布完成 D 轮 3 亿美元融资，计划发力 O2O 市场。根据资料显示，2013 年 2 月至 2015 年 8 月，加上 A、B 轮 4 亿元人民币，C 轮的 1 亿美元，途家在短短 3 年时间完成超过 28 亿元人民币融资，可以说创造了行业之最。

廖军连： 唐总，先给大家介绍一下途家？

唐挺： 途家是一家分享经济的典型企业，业务是度假租赁。2011 年这个产业在欧美的产值大概是 850 亿美元，当时是一个很成熟的市场。目前全球最大的度假租赁平台是 HomeAway，其于 2011 年 6 月 30 日在纳斯达克 IPO，在国内，途家就是 HomeAway 的对标企业，在进行 HomeAway 模式本地化的时候，途家将模式做"重"，同时进军线上与线下两部分。

途家的业务就是区别于传统酒店的度假租赁，比如说大家出去玩不用去住酒店了，可以去住途家的服务公寓、度假公寓、度假别墅，还有一些比较特别的产品，比如房车、树屋、木屋，比较适合家庭旅游，也比较适合差旅。

目前，途家在线房源已经超过 30 万，在国内覆盖 255 个城市，在国外覆盖 133 个城市。我们储备的房源比较多，目前国内 TOP100 的开发商企业基本七八成都被我们垄断了，储备的房源已经签约的将近 60 万套，同时我们正在谈的项目大概接近 6000 个。

廖军连： 问一个比较初级的问题，请您说说国内酒店业态主要是怎么分的？

唐挺： 国内的酒店业我们称之为住宿业，分为星级酒店和经济型连锁酒店，

一个高端一个低端，不过这两年出现了介于其间的精品酒店，比如说像桔子水晶，价位在 400 元 ~ 800 元区间。途家最开始也是在这个区间开拓，我们的定位是中高端，所以我们很多的服务公寓、度假公寓，包括一些度假别墅的整个客单，平均每个在 400 元左右。

类似途家这样的业态，最早我们称之为家庭旅馆，慢慢又发展成一些农家乐之类的。现在有个比较好听的名字叫"民宿"，在城市里面叫服务公寓，以公寓形态出现的居多；在一些旅游目的地，基本就变成了度假公寓、度假别墅；还有一些比较特别的产品，像房车、树屋、木屋等。

分享经济就是一个时代

廖军连：唐总这次的主题是"分享型经济"，这是一个什么概念，与途家有什么关系？

唐挺：分享经济是最近几年流行的互联网创业概念，我推荐大家看一本书——《零边际成本社会》，书写得非常棒。

分享经济有很多模式，例如滴滴、快的及途家，把社会上一些闲置的资源重新盘活，通过分享的模式使之成为一个新的商业模型，并从中获得相应的商业收益，就是分享经济。

途家属于分享经济中住宿领域的企业，在国内跟我们处在同一个行业的，相对知名度高一些的是小猪短租，它做的更多的是 C2C 的房源，其产品会偏低端一些，而途家其实是 HomeAway 跟 Airbnb 模型的集合。途家先是从 B2C 做起来的，房源获取更多来自开发商的一手房，同时也会找一些比较高端的商户加入，我们有很多特色的房源，比如在北京雍和宫旁边有一个门店，最近都是爆满。

李洁怡（南方电网传媒有限公司媒体运营中心副主任）：公众对分享经济的安全性担忧，作为企业公关，有什么好的方法解决这个问题？

唐挺：安全是分享经济比较关注的问题。在这方面我们有相应的保障机制，比如我们有相应的赔偿基金，一旦客人预订了我们的房子，到达后却无房，我们就启动相应的赔偿机制。

同时，在人身安全与财产安全方面，对上游对接的业主、下游对接的游客，都有相应的人身、财产等第三方保险，并在公安报备且进行消防演练，还有我们有条件申请特行证的门店，都有申请。

途家与各地的政府也有很好的深度合作，目前与 170 多个省市地方政府都有签约，其中包括 5 个省级政府。同时在很多地方推动度假租赁协会的成立，规范当地的行业，包括很多目前处在相对比较无序发展的民宿产业，途家作为一个标杆企业，协助当地的旅游部门把这块市场规范起来，使这个市场能让消费者更放心，这样就会有更多人选择这种新的业态来消费。

多元渠道有效降低获客成本

宋铮（马上消费金融品牌总监、新闻发言人）：唐总这边有没有统计从哪个渠道获取的用户是最多的？另外，用户特征是怎样的？

唐挺：我们是有数据分析的。从途家官方渠道获取的用户最多，大概 40% 的占比；第二个渠道应该是携程，差不多能贡献 20% 以上的份额；还有一部分是电商平台，比方说天猫、美团；另外，类似于线下跟旅行社合作的渠道也有。

现在我们也在着力推一些 KA（重要）的渠道，比方跟微软等一些世界 500 强企业签一些 KA 协议，给出一个 KA 的价格，属于集团采购形式。这种渠道也在逐渐发展壮大。

用户特征方面，主要还是以家庭性的出游为主，占订单量的 60%～70%，还有 15% 是以城市服务公寓为主的商旅住宿。这也是根据房源构成来评估的，途家目前大概是这个比例。旅游地的度假公寓、度假别墅更多一些，城市的服务公寓相对少一些，但目前增长比较快。

用户主要还是集中在北上广深等一线城市，还有杭州、宁波、南京、重庆、成都等经济比较发达的二线城市。主要的途家用户来源特征是：国内经济比较发达，人口比较多，旅游需求比较多的城市。年龄在 25 岁～40 岁区间最多。

宋铮：途家的盈利模式是怎样的？另外，获客渠道目前主要有哪些？

唐挺：途家的盈利模式其实很简单。途家是一个 O2O 的企业，上游对接开发企业，现在旅游地产的销售压力非常大，开发企业引进途家之后，会助力房子的销售。我们部分收入就是来自开发企业。

另外，我们是个平台。其实途家自己的房子只是很小的一部分，第三方的商户居多。你可以把我们的平台想象成京东，有京东自营、第三方商户。途家也是个开发平台，上面有途家自营，也有途家的第三方商户，都能带来收入。主要的盈利模式就是这两个方面。

获客渠道相对比较多元，途家本身的平台是目前获客的主要渠道，途家 APP 的下载量有将近 5000 万的用户规模，每天的活跃度大概在几十万的级别。同时，携程是途家的投资人，官网上面专门有途家频道，携程的 APP 也有相应的途家频道，包括民宿、公寓等。其他像美团、天猫、去啊中都有途家相应的频道。同时我们线下的部分，自己有销售，也会跟传统的旅行社有相应的合作。

社会化营销是一种魔法

李洁怡（南方电网传媒有限公司媒体运营中心副主任）：途家在推广方面有什么策略？投硬广为主还是公关事件？

唐挺：途家是 2011 年 12 月 1 日正式上线的，一开始以打基础为主，然后主要是进行口碑推广，可以理解为基于 PR（公关）的推广。我们过去三年相应的硬广就投过两期，分别是 2014 年的 7 月份与 2015 年的 6 月份，主要是基于暑期大促销的考量。因为对在线旅游企业来讲，暑期是最重要的一个时间，所以在暑期出行来临之前，我们会做一些相应的硬广投入。主要是在地铁、广播电台投放，同时，我们也跟进测试效果。

另外，基于新媒体的推广我们做得比较多，这也是我比较擅长的。我们的微博、微信现在运营良好，虽然微信粉丝还不到 10 万，但有时候一些好文章的阅读量都能达到四五万。

微信能直接带来订单，因为我们有两个微信号，比较老的是订阅号，另外一个是服务号，两个账号都运营得不错。订阅号有自定义菜单，每周都能带来将近几万元的订单，我觉得还是非常不错的。

我们也做过一些体验式的传播，我们会邀请一些大咖、KOL（关键意见领袖），有些是免费的体验，有些是我们只提供免费的两晚住宿，并发放一些体验券。

同时，开发企业会帮我们做广告。很多城市的广告牌会出现大大的几个字"途家入驻"，其实是开发商免费在帮我们做广告。

在新媒体方面，我们在微博上也做一些试点，比如，在暑期大促来临前，同步配合做一个 12 星座开房的有趣内容。我们在微博上还做过类似于"为什么宠物不能住酒店"等能引起一部分小社群关注的热点话题。

📱 市场教育我们，我们引领市场

张丽萍（时任苏泊尔公关总监）：请教唐总，途家房源端储备很充足，用户端承销量处于什么水平？目前的拓客成本大概是多少？

唐挺：因为途家属于旅游行业，每个季节的订单量是不一样的，每个区域也有不同的订单量变化。

暑期是途家最旺的时间段，我们好一点的房子基本都得提前差不多两周预订。在这个季节，入住率平均将近 90%，因为有一些钟点房，有些地方的入住率甚至能超过 100%。在淡季，入住率大概在 40%～50% 的区间。

我们的拓客成本也来自多个渠道，更多来自线上。线上有比较多的推广手段。也在尝试 CPA（每行动成本）、CPM（千人成本）、CPS（网络营销外包）等不同手段进行客户导入。同时，新媒体也会有一部分导入，线下也会有一部分导入，手段比较多元。

所以，整体的拓客成本不太好预估，平均计算也没有太大的意义。

李洁怡（南方电网传媒有限公司媒体运营中心副主任）：市场教育真的是一个难题，要改变各种固有习惯得花很大力气，可以再深入介绍一下途家在这方面的经验吗？

唐挺：这方面我们也花了很大的力气。我们认为接下来需要跟这个市场中其他的旅游商一起把市场的口碑做得更好，所以我们可能会持续做体验式的传播，吸引更多人来住途家的房子。

我们一直坚持的策略是花多少返多少，比如你这次住了三亚的房子，假设花了 1 万元，那等你回来的时候，会返你 1 万元券，下次你可以在租住途家 100 多处自营房。我们专门有个体验房频道，把闲置的自营房放出来，让客人去体验，不断地把体验做深做透。

王金宝（《蓝新闻周刊》经济部主任）：途家下游标准化问题是否已经完全解决了？

唐挺：途家从一开始就根据中国的特色，不断地在优化服务的 SOP（标准化服务），我们一开始就采用了五星级酒店的 SOP，之后再不断地优化。比如说在很多生态比较好的地方，可能蚊子比较多，打扫卫生的时候，基本是保洁阿姨把房门关上，把纱窗拉下，然后开始打扫，这样蚊子不会进来。卫生间的除臭、消毒等等也有自己的一套标准。

在服务流程上，我们一直强调统一的客户服务，一致的客户体验，也就是说，客户到我们任何一家门店，都不用重新去熟悉服务流程。虽然说每间门店的风格不一样，但我们的服务流程是一致的，这样一来，客户不会觉得每到一个门店，都要去学习一套新的流程。住途家的房子跟住普通酒店区别不大，也要出示身份证，途家都要报备给公安，以及我们还要签一份书面协议。不过，当客人离开的时候会比酒店更方便，把钥匙或者门卡放在门背后，就直接可以撤了。

当然，如果客人需要开发票或者相应的结尾流程，也可以跟前台进行对接，他们会有相应的服务。

因势而变就是登顶之道

廖军连：途家网在早期称自己是 B2C 的模式，后来推 APP，要发力 O2O，这期间的转变是什么因素促使的？为此，途家的战略有什么改变？

唐挺：途家的业务模式是不断升级的。途家最开始起源于三亚，因为三亚是度假租赁房子最多的地方。去过三亚的朋友都知道，租个公寓在那里过年，会很惬意、很舒服。途家刚成立时，使用包租的形式做前期业务。

途家的老板有非常丰富的房地产开发商资源，后来他把模型做出来，先从几个城市开始推广，更多瞄准了旅游地产方面的市场，力图将其激活。

大家可能不知道中国的闲置不动产有多少，我们的估算或者说国家统计局的数字，中国大概有 5000 多万套空置房。这些房子放在那儿是没有使用价值的，怎么把这些房子盘活，同时使这些房子产生价值，分享给有住宿需求的人，是途家模式的核心，我们一直朝着这个目标前行。

途家有线下比较强的业务与 BD（业务拓展、商务开发）拓展团队与开发商对接，获取这部分房源，同时，我们线上也是一个开放平台。

解懿宸（华泽集团公共关系总监）：途家在国内的竞争企业有哪些？途家在哪些方面有明显的优势？如何保持自身的优势？

唐挺：现在，完全跟途家模式一模一样的竞争企业是没有的。我们可能在每个板块都有一些相应的有竞争关系的对手。从大的方面来看，途家是一个垂直的类似于 OTA（在线旅行社）的企业，同一个平台，包括我们的股东携程在内，像去哪儿、同程、艺龙等，都跟我们有点竞争关系。

在垂直领域，像小猪短租可能是我们的对手；在线下部分，有很多为房地产企业提供这方面增值服务的公司，也是我们的对手。

途家最明显的优势是什么呢？第一，目前房源基本被途家垄断了。已经签约的房源有 500 多个项目，储备了 60 多万套房子，正在谈判的项目也接近 6000 个，如果这些谈判能成交一半，意味着有 300 多万套房子，那基本上可以确立途家全球第一的地位了。

我们还有大量的商户进来，到 2015 年底会达到 50 万的级别，2016 年甚至还能翻番。途家会在 2016 年年底成为全球第一大度假租赁平台。

在融资规模方面，我们很快会发布新一轮的融资，途家可能会进入 10 亿美元俱乐部。相信以后可能还会有再接着一轮的融资，越往后看，途家的势头会越来越被看好。

在政府方面，国务院专门通过了要放宽在线度假租赁行业的决定，对我们是一种鼓励，他们讨论的样板就是途家。我们也积极与国家标准委协作，途家的标准很快会成为这个行业的标准。

在"爱与痛边沿"进阶

小海雁（北京海瀛新镜项目部总经理）：我在给上市公司策划新媒体传播，怎样更好利用微信平台推广，增加粉丝的关注？

唐挺：你这个问题应该更具体一些，不同行业的公司，做新媒体传播的方式、方法也不尽相同，虽然说有一些共同的方法或战术，但需要根据客户所处的行业及发展阶段等具体情况进行相应的策划。像这样的问题我不能给你一个特别明确的答案。

其实吸引粉丝关注有很多引流的办法，比方说追热点，像今天是北京跟张家口联合申办冬奥成功，热点追得好，也是一个很有效的吸粉手段。

当然，还有其他的方式，比如做一些发福利的活动，以及非常优质的内容运营等，都是很好的吸粉手段。

廖军连：我们知道唐总有 12 年的公关传播经验，在多家知名的大公司任职公关传播的岗位，在途家你主要要处理哪些公共关系问题？还有痛点吗？

唐挺：我在途家有几方面工作比较重要：

第一，途家的品牌影响力。因为途家横跨三大行业，一是住宿业，包含了酒店业；二是互联网圈子；三是房地产业。这三个圈子都要去塑造相应的影响力，需要用不同的公关语言去沟通，这是一个挑战。

第二，在新媒体环境下，如何与游客，也就是我们的用户沟通，这是另外一个挑战。

另外，因为途家是服务行业，为了防范危机，在最短的时间内很好地响应客户投诉，把客户的问题解决掉，我们形成了非常健全的内控机制，使这些容易形成危机的小火苗，在最开始发生的时候很好地处理掉。所以途家的用户口碑非常好。

途家目前的用户推介率是 96.7%。因为对每住过的一个客人，我们都会进行相应的回访，有 96.7% 的客人表示愿意推介给身边的亲朋好友，或者选择再次入住。实际上老客户的回头率目前接近 40%，也就是说，40% 的老用户不止一次地住过途家的房子。

途家前两年参加过商务部旗下的中国服务贸易协会的评选——号称是中国客户服务的奥斯卡奖项，我们连续两年获得了大奖（第一名是招商银行，第二名是途家，第三名是海底捞）。其实这方面我们也没有怎么做宣传，我们认为自身的服务还做得远远不够，所以不停地在强化这些服务的口碑。

从工作上来讲，我还有很多需要精进的地方，痛点是存在的，包括如何更有视野和格局地去服务好企业家顾客，因为我有幸碰到了一个特别有公关情商的老板罗军先生。到了途家之后，罗军对我公关方面的指导非常多，对公关方面的风向跟战略的判断也非常到位，所以跟这样的老板合作是非常幸运的。坦率地说，我在途家也干得很开心，因为整个团队，管理层也好，很多的基层骨干也好，都非常优秀。

群访嘉宾： 付强，滴滴 SUP，滴滴专车、租车、代驾事业部总经理。
主持人： 绳珺，新莓会秘书长。

滴滴大局之变，到底盈利了没？

吴洪涛（巴威减肥创始人）： 滴滴盈利了吗？大概多少？滴滴如何看待互联网行业的补贴和盈利关系？如果还没盈利，滴滴打算何时盈利？作为一个基于移动端的产品，如果是低频的，它的成长周期应该多久比较合理？

付强： 关于这个问题，我没有办法做出太直接、太明确的回答，只能给你分享一个大概的方向。因为目前我们有很好的盈利模式，收入非常可观。

你提到的低频应用场景，其成长周期就是互联网市场的整个竞争周期，包括互联网产品和公司的运作。

市场规律或经济理论很难预言或预测。瞬息万变的市场已经不再像以前那样容易掌握了，因为当下的环境并没有太多的经验供我们借鉴，还是抓住真正的关键点最重要！首先，要判断低频产品有没有被用户接受和使用的需求，以及产品成长的空间有多大。

成长的周期很难预测，因为这与产品本身消费需求的层级、竞争状态有关。若市场竞争较弱，消费者意识较明确，那恭喜你把握住了好机会；但若此领域竞争已经异常激烈，产品的成长周期就很难预测了。

王先知（新华社《财经国家周刊》任职）： 滴滴未来的发展方向是怎样的？

付强： 让出行感受更美好！具体点说，就是我们要做中国人领导的全球最大的一站式出行平台。

"一站式"概念是指，大家在我们的平台上，可以找到任何想象得到的基本出行方式，无须下载其他 APP。现在在滴滴出行平台上，出租车、巴士、顺风车、快车、专车、代驾都可以完全实现。这就是我们未来的发展方向。

大数据提供的不是补贴，而是最佳出行方式

绳珺：现在互联网+渗透率与交通智能正相关，您怎么看待互联网大数据对移动出行的意义？

付强：大数据对包括出行在内的各个移动互联领域的作用都是非常重要的。

当真正掌握了足够多的数据，能够做到精准的匹配分析时，我们才能通过智能系统帮每一位用户提供最佳的出行方式。我们现在非常重视此方面的人才，包括请美国硅谷的世界级大数据专家一起工作。

韦承武（2015 年任《上海证券报》驻广西记者）：滴滴、快的合并后，我们发现很多二线、三线城市的补贴完全取消了，一线城市却还有，这种决策背后的依据是什么？

付强：对于补贴，一是希望吸引新用户来体验我们的产品，另外一方面是与竞争相关。

可能你只是看到了表面现象，你说的问题并不是事实，而且，补贴方面更多的还是基于系统算法，把补贴当作调节市场运力的一个手段和工具，不再把补贴当作竞争的一种手段。

最主要的目的是保证用户打上车，因为用户的最核心需求是有人接他，这是其一；其二就是整个过程的体验是否足够好。

但玩补贴带来的用户体验是次要因素，能坐到车才是用户的核心需求。

绳珺：滴滴以前在运营和营销上有很多尝试和对外合作，有没有你们内部觉得在效果或创新等各方面特别满意或难忘的案例？

付强：我们之前推出了一个小小超级营销品牌——橘色星期一，我们打造了消费者心中的一个认知，即每周一滴滴都有福利和优惠活动。

在运营过程中，"橘色星期一"活动收到了良好的效果，把滴滴整体订单规模推到一个新的高度：线上线下综合配合，用好创意来吸引消费者眼球，加大促销力度，做统合线上线下的超级营销。

另外，集团换标的营销事件，转发率、关注度也非常高，广告语是"如果这个世界上你只能留下一个 APP，你会选择哪一个？"当时做的 H5 有非常好玩的

动画，它模拟你在手机上删除 APP 的过程。吸引了几百万用户转发和使用，其中，还有像邓超、李冰冰等明星朋友一起免费参与。这给集团换标做了非常好的预热活动，受众纷纷猜测我们的用意，营销效果非常不错。

陈勇（雪松控股集团有限公司公关总监）：滴滴出行是以技术产品为主，还是以品牌营销为主？

付强：产品和技术是基础，我们一直都十分重视，在这两方面也投入很多。

我们要打造用户体验最好的产品。技术是核心，只有技术和大数据足够强大，才能够开发出交互界面更加智能、方便和顺畅的产品。而商业营销手段只是让我们更加贴近消费者而已。

培养用户习惯，是水到渠成？

绳珺：出行 O2O 也可说是一个颠覆级的产品，一开始是如何让用户接受并改变移动出行习惯的？

付强：移动出行 O2O 产品能够深入人心，达到如此高的覆盖率，是天时、地利人和的综合结果。

首先，必须依托于当下的网络环境，现在移动网络环境非常发达，价格也足够便宜，能让大家放心使用。另一方面，智能手机价格也逐渐便宜化、大众化。最重要的原因还是用户生活中有需求没有被满足。

我认为真正能够进入人们生活的产品，都是因为满足了人们没有被满足的需求。当然，我们前期做了非常多的市场推广，营销、对消费者的"教育"工作，而综合这几个因素，我认为很多事情可以水到渠成。

韦承武（《上海证券》驻报广西记者）：滴滴获取用户的方式是否能在别的互联网项目复制？如果重来一次，不补贴用户的话，滴滴有没有别的获取用户的方式？

付强：我认为，一个企业的成功或者说在运营的方向、策略和具体方式上，在不同的阶段肯定不一样。

滴滴的成功是在当时抓住了整个领域的关键点。打车出行是刚需，所以关键点不在于补贴，而是产品是否满足多数用户未被满足的需求。如果产品需求度不高，那么补贴只能带来虚假的用户需求。

但补贴是当时的竞争环境下，我们赢得竞争和赢得市场份额的一种手段。我认为产品和补贴是相辅相成的，并不是只靠补贴就可以成功！

成功最关键的，还是抓住核心问题。比如团队如何执行战略？有没有能力完成既定想法？把战略、政策和方向执行下去很关键。滴滴和快的同事工作能力非常强。人的能力和正确的方向及正确的产品定位，才是成功关键的因素。

绳珺：对于移动出行，一二线城市用户接受度已完全没问题，再往下推，地域性的差异是否存在？在这种地域文化差异上，是否有不同的或创新突破的传播运营应对策略？

付强：三四线城市用户对移动互联网电子产品，包括新的出行方式的接受程度，会比一二线城市用户略微延缓一些。但对于出行的迫切和出行便捷的渴望程度，我觉得用户的需求是一样的，只不过程度上可能会有轻重缓急之分。

的确，地域不同用户的消费特性就不一样。我们在成熟市场会注重利用线上的资源和推广方式；对于还没有被开发的市场，我们会结合当地的特色，使用某些地面推广方式。

绳珺：现在三四线城市滴滴使用率可能还不够，那么，这是下一个争抢的市场吗？怎样去培养用户？

付强：现在滴滴出行的产品已经覆盖了全国三百多个城市。这其中涵盖了部分三四线的城市，这些城市的中心区都有被覆盖，但相对来说较偏远的郊区，还没有被覆盖到。

我们的使命跟愿景非常清晰——做全球最大一站式出行平台。首先，我们把所有有需求的主要城市，包括三四线城市进行覆盖，让产品来服务消费者。

滴滴打厕所？用户体验终究是王道！

李燕（万达快钱高级公关经理）：最近注意到滴滴在司机端有不少动作，例如"滴滴打厕所"的上线，请问效果如何？对于司机群体，滴滴还会推出什么样的政策和措施？司机群体的痛点在哪里？

付强：很感谢你关注我们的司机群体。在堵车时，上厕所确实是司机遇到的大问题。

产品这个月刚上线，司机群体非常高兴。而这也是共享经济的一个代表。

我们告诉司机，什么地方有卫生间。在我们的鼓励下，所有商家、单位办公卫生间和公共洗手间信息被公示标注出来，提供给司机使用。

另一方面，我们对司机群体有非常多的关爱活动。包括逢年过节也会给核心司机送关爱和福利，比如代驾司机的休息驿站，以及返程车、提供消夜的地点等。我们还会组织歌唱比赛、羽毛球比赛，甚至当时还请羽毛球世界冠军跟他们一起同台竞技。

候玉才（云南昆明《都市时报》记者）：如何解决导航误差？同时如何完善快车、专车驾驶员评价体系？

付强：导航误差这个问题，一直是我们努力的重心。而导航服务其实主要依赖于地图服务商，所以，我们现在和地图合作商用现有的地理数据、出行数据，共同完善这件事。我们也专门在国内外找相关领域的一流技术人才，不断着力解决导航问题。

相信老用户能感受到，现在滴滴的导航定位及车辆行驶轨迹的平滑程度，相比之前进步不少。虽说未做到百分之百完美，但日后我们会继续依靠技术的力量来逐步解决。

关于驾驶员评价体系，目前是根据乘客在每一单服务结束后，对驾驶员的评价是满意或不满意。每条评价都提交到系统中，我们会根据相应的评价对司机给出奖惩。我们的规则非常明确，奖励好司机，惩罚甚至淘汰坏司机。

候玉才：因为驾驶员绕路和导航误差，是否有让快车失去竞争力的趋势？

付强：快车目前每天订单量很高。也确实因为快车的出现，满足了很多原来打不到车或其他交通方式无法满足的用户需求，即随时有车把他从起点送到目的地。

导航和绕路的问题，在我们整体的服务观测中被投诉的几率非常小，所以快车的竞争力实际上是非常强的。但不管问题的出现概率有多小，只要出现过导航或绕路的问题，我们都要通过技术手段和服务管控来不断改正。

彭玥（重庆李子坝餐饮品牌总监）：一直用滴滴，但是一旦遇到问题，就没办法投诉，投诉电话永远打不通，这是怎么回事？

付强：我们真的十分重视投诉这块。滴滴出行的所有管理层和员工提得最多的就是用户体验，从刚刚提到的导航评价，以及投诉都是如此。

投诉方式很多，产品上有投诉的选项和通道，还可以拨打投诉电话。

之前因系统的容量问题，有些朋友无法电话投诉，但最近增大了客服系统的容量，增多了客服人员人数，客服接通率有了很大提升。

若在使用产品的过程中发现问题，也可以直接点击产品页面进行投诉。这些投诉信息也会直接反馈到我们的客服系统中！

代驾服务是挖掘了用户的潜在需求！

绳珺：为什么在滴滴代驾上线 100 天的时候提出"代驾 +"服务理念？

付强：因为传统代驾在中国已经存在很长时间了，但大家似乎会把代驾约等于代替酒驾，觉得是酒后才会使用的产品。

实际在用户调研中发现，有非常多酒驾之外的需求场景，比如：一些女性顾客停不好车时，自驾游开车很累时，商务出行的需求等都会有找代驾司机的需求。

代驾 + 的概念是以车主为核心，满足车主需求。车主坐在副驾驶座或者坐在后排，让代驾司机帮他进行驾驶，满足他相关的一些需求。包括停车代驾、旅游代驾、商务代驾及接送家人、客人和朋友，还有代替用户保养洗车，等等。我们看到很多用户的需求，希望通过代驾 + 的概念，把场景充分地挖掘和梳理出来，将产品做好，摆在用户面前。

宋峥（马上消费金融品牌总监、新闻发言人）：滴滴目前的产品和应用场景一直在扩大化，在市场营销层面也跟不同行业的公司合作。哪一类公司或者说场景是滴滴比较在意和期待的合作对象？未来是否有再扩大生态系的考虑？

付强：与哪一类公司合作很难界定，但在标准上，我们期待的合作对象是能为车主或双方有共同目标用户的品牌。关于未来，我们希望在三年之内做到全球最大的一站式出行平台，所以近期的专注度仍是出行领域！

宋峥：曾经的哪个合作或者推广活动是滴滴觉得效果非常好的，可否举例？

付强：这类好的合作案例很多。以滴滴代驾为例，我们马上会跟贵州省白酒企业进行合作。希望所有喝酒的用户能安全驾驶，酒后不要开车。这既是对贵州省酒业品牌的形象宣传，也是对我们品牌形象的宣传。2015 年，我们跟安吉星签署了战略合作协议。

全渠道时代的时尚商业

群访嘉宾： 陈煜，汇美集团董事、副总裁兼首席财务官。
主持人： 乔晓蕊，蓝莓会华北总经理、华北秘书长。

乔晓蕊： 首先，请陈总介绍一下汇美集团。

陈煜： 大家好！我之前在安永会计师事务所、德勤会计师事务所服务接近 10 年，2013 年年初加入汇美集团。目前我担任汇美集团董事、副总裁及 CFO，负责公司的战略规划、财务及资本市场业务。

汇美集团是目前中国最大的互联网品牌管理集团之一，旗下主要运作茵曼、初语、生活在左等互联网品牌。对于大家来讲，知名度最高的是倡导慢生活的茵曼女装；初语是文艺潮牌；生活在左是高端棉麻女装品牌。

张文静（长峰润泽传播总经理）： 听陈总说话感觉你很财务范儿，严谨淡定，看陈总头像又觉得是"道中人、潮流人"，陈总当时为何会考虑加入一家网络渠道销售为主的时装公司的？

陈煜： 很多人认为 CFO 或财务人员仅是处理财务，比较保守。我认为，优秀的 CFO 或财务管理人员，需将视角从财务延伸到整个公司业务，为公司发展战略和方向提供决策依据，参与决策过程。

对个人而言，我十分关注时尚、服装行业。2012 年机缘巧合，接触到汇美集团，当时我判断线上市场在一段时间内会高速发展，而公司又有业内顶尖的团队资源，最重要的是，公司的创始人锐意进取，让我选择从外企跳槽来到汇美。

汇美集团的全渠道战略

乔晓蕊： 如何理解全渠道时代呢？

陈煜："全渠道"时代是指结合线上、线下及社群化三种销售路径的大体系。

乔晓蕊： 汇美一开始就是全渠道策略，还是后来经过经验摸索得出的结论？

陈煜： 2008 年，汇美只有茵曼品牌，在当时的淘宝商城做线上销售。2010 年到 2011 年间，我们尝试做线上线下一体化，但发现当时的技术环境和整个消费环境还不够成熟。"全渠道"角度一直是我们重要的战略方向，也是经过我们的实践，逐渐摸索形成的局面。但是我们认为2015年才是合适的时机，因此汇美于2015年重新启动全渠道的计划。

张文静：陈总，线上运营成本越来越高，线下都在哪些城市做？开了多少家店？运营效果怎么样？

陈煜：从2015年5月第一家线下加盟店开业，到2015年年底有超过120家门店遍布全国各个地方，但主要以准二线城市到五线城市为主要的地区。

从目前的运营数据来看，准二线到五线城市的线下成本趋近于线上。超过八成的店铺每月都可实现盈利。

麻文华（北京译图智讯科技有限公司联合创始人）：出差的时候，看见过茵曼的线下品牌店，大多是在街道上的独立店铺，进驻商场的好像很少，真实情况是这样的吗？这主要是出于宣传独立品牌的考量吗？

陈煜：因为汇美大多数加盟店开设在准二线到五线城市，这部分城市很多店铺以街铺为主，并没有真正的商业中心，而汇美在一二线城市的线下渠道就集中在商业中心或者是百货店里。

张文静：我的感受是现在实体店不好做，感觉商铺和商场店中店的人工、流水倒扣、租金等成本还是很高的，北京好多商场都被电商挤惨了，这种观点您认同吗？

陈煜：如您所说，北京作为一线城市确实成本很高。在汇美的全渠道体系内，北京、上海、广州、深圳及其他一线城市和多数二线城市都是开设直营店。在全渠道O2O战略中，直营店是加盟体验店很好的补充。

我们认为，目前线下实体店不太好做，是有诸多原因的。比如，商业地产、历史原因、业态原因等。所以，其实并不是电商挤占了实体店的生存空间，而是整个社会的消费环境及消费者观念的转变，导致原有零售环节的暴利不再存在，也导致原本依靠线下渠道盈利的群体受到冲击。

麻文华（北京译图智讯科技有限公司联合创始人）：陈总，您觉得互联网服饰品牌是否一定要建立线下店面？在什么情况下，或者说在什么时候，开始布局线下店面比较合适？

陈煜：在这样一个全渠道的时代里，若一个品牌仅运营单一渠道，未来可能会遇到发展的瓶颈，而布局线下的关键是适应公司或品牌的发展阶段。

如何利用线上打造品牌

乔晓蕊：服装业作为一个非常传统的行业，是非常注重用户体验的，茵曼是如何在没有线下体验店的情况下，在线上获得品牌上的成功？

陈煜：目前在线上较有规模的服装品牌，对产品质量、售前售后服务及物流三大环节都非常重视。而从平台角度，天猫的店铺评分系统，会在描述、物流、服务三方面进行评分。茵曼作为全网体系销售规模较大的品牌，多年来始终坚持注重这三大方面。

乔晓蕊：觉得购买服装就是选很久，买完也会有各种问题，今天一听专家介绍颠覆了我以往的认知。

陈煜：因为消费者在线上购买服装的决策流程比线下更艰难复杂，所以若产品质量没有达到消费者期望的话，消费者不会再次购买。这样会造成线上推广的回报率极低。实际上，较成功的线上品牌都十分关心质量及价格的平衡。

麻文华：陈总，像茵曼和初语，其实市场上同风格的品牌还有不少，在营销推广方面，汇美是怎么做的？是避免同质化、突出自己的品牌吗？

陈煜：线上营销，品牌精准的定位和风格十分重要。无论是茵曼还是初语，皆是先找到细分的风格及定位，然后开发可达到消费者期望的产品。的确，2008年的线上品牌竞争远没有现在激烈。

乔晓蕊：茵曼一直都是依靠于第三方平台做销售，有没有考虑过创建自己的电商平台？

陈煜：汇美早已有自己的官网和APP。但在中国的电商环境里，没有一个成功案例是仅用一个独立平台来进行自有品牌服装销售的，因为这要面临非常高昂的引流成本。

因此，虽然汇美有APP和官网，但并不期望这些渠道为我们贡献主要的销售份额，而是把官网、APP作为消费者聚集的场所、交流的平台。

乔晓蕊：这些官网是不是更多承载着宣传形象的作用？

陈煜：的确。但最重要的是通过官网的后台，汇美积累了大量的消费者信息。这是很多从线下渠道出发的服装品牌，无法用低成本获取的资源。

乔晓蕊：对于现在跨境电商的兴起，越来越多国外品牌进驻，中国制造的时尚品牌应该如何应对这样的冲击？

陈煜：跨境电商或社会信息流动的速度加快，都让消费者有更多的途径了解其他品牌，尤其是国外品牌。因此，对于中国本土的时装品牌来说是挑战，也是机遇。当然，之前因信息不对称的超额利润将不复存在。

信息流动速度加快，消费者定会日趋理性。不管是国外还是国内品牌，只有提供让消费者满意或是符合消费者期望的产品，才能够长久地留住客户。这其实对整个中国服装业也提出了比以往更高的要求。

所以，未来不管是线上还是线下渠道，应该会涌现更多细分人群，出现高品质、高性价比的服装品牌来满足消费者的需求。

张文静（长峰润泽传播总经理）：问一个不知道归不归陈总管的事情，汇美三大品牌的设计风格还会不会有突破？我是淘宝 5 钻买家，但我更喜欢偏职业休闲的韩流风，如果买素雅的，更喜欢江南布衣风格，10 年老用户，他们现在风格突破也很大。

陈煜：其实，茵曼品牌的调性、定位，以及品牌的精神坚守不变。但每季的设计元素都有变化。比如说，2014 年茵曼取用云南元素，2015 年则取用台湾元素。整个画面呈现及效果差异很大。所以从品牌定位及品牌核心来讲，每个品牌都会谨守不变。但设计风格上，不论线上或线下，品牌都会在适当范围内求变，以满足消费者求新的心态！

全渠道战略的数据应用及分析

陶易（生鲜传奇创始人）：线上人群与线下不同，线上与线下流量的收集方式也不同，您是怎么做的？

陈煜：其实，线上人群相对年轻。主要年龄在 15 岁到 40 岁之间。而线下人群的年龄幅度及教育背景等信息更加广泛，线上与线下流量的来源差异很大。线上流量同质化情况明显，但线下实体店铺的流量来源则广泛多样。线上来讲需要突出品牌特征，但线下则要兼顾店铺周边人群的特征。尽量拓宽品牌范围以满足人群需求。以此收集更多有效的信息。

王钊（阳光保险品牌发展部总经理助理，阳光保险青年志愿者协会副秘书长）：大数据应用方面有没有心得？

陈煜：汇美集团目前有超过一千万的注册用户，分别分布在十多个品牌之中，但存在用户在品牌中的重叠现象。基于多年的运营经验，我们对每个品牌的消费者都有不少了解，可以使用这些数据进行挖掘。另外，我们综合订单来源的集中城市或地点作为线下店铺选址的重要指标。目前，汇美有自己的 BI(商业智能)系统，用于分析每天的销售数据情况（包括流量来源、销售品类构成及消费者信息等）。线上线下销售数据都会进入 BI 系统进行数据积累和分析。

沈阳（探路者控股集团有限公司集团副总裁兼外事业群品牌副总裁）：您认为可能比较合理的线上销售和线下销售比例是多少？为什么？

陈煜：目前官方提供的服装行业线上销售占比约 24%，该比例目前有逐年上升的趋势。但目前还无法判断达到均衡状态，即线上线下无差异状态时，线上线下的比例究竟会达到多少。

乔晓蕊：如果线下会超过线上，在服装行业普遍都受困于库存问题时，线下的库存较线上会更严重吧，您还在这一时期开始千城万店计划是基于什么考虑？你将会怎么解决线下门店的存量积压和供应链问题？

陈煜：对于传统的线下运营模式来讲，库存问题的确很重要。其问题的根源是层层的分销渠道，导致真实的存货情况无法掌握，加盟商或代理商也需要背负沉重的存货负担。

而汇美对库存问题的解决方式是统一管理。相当于一个全直营的体系，对于库存的把控比以前传统的线下加盟要清晰明了得多，也降低了加盟商的经营成本。

沈阳：线上线下的款式及价格带，目前有不同的策略吗？线上的复购率能达到多少？

陈煜：主要看品牌定位，越是定位窄众的品牌复购率会越高。总体来说，复购率在 20% ~ 40%。

线上品牌或说快时尚品牌的供应链核心是相对柔性的，在首单的单量上较好控制。可在销售形势明确后，进行快速的返单以满足销售的需求。因此，不论是 Zara、H&M 或其他快时尚品牌，其核心都是拼供应链管理水平。

中国独立及高端设计师的方向

乔晓蕊：现在有很多设计师开始创立自己的品牌，您对他们有什么建议？

陈煜：汇美旗下现有十几个品牌，覆盖了多个品类。对于设计师来说，汇美是孵化平台。希望让更多的优秀设计师加入汇美进行创业。

对于设计师创立个人品牌，最大的挑战是需要充分评估服装行业在运营中可能遇到的问题。比如，供应链管理、信息系统、人才管理等。

对于独立设计师，需要清晰的品牌定位、消费者定位，保证不断开发出合适的产品，做到质量过关、价格合理。同时，要看清楚自己的发展短板，并寻求外部资源，辅助进一步发展。

李亦非（观澜湖文创事业部总监）：如何看待中国的高端设计师作品市场，如买手店中的设计师服装？中国的这部分消费市场处于刚刚起步阶段，欣赏水平是一方面，价格对于大众来说可能是一个较高的门槛。

陈煜：总体上来说，随着中国经济的发展及中国设计师或设计水平在国外的被接受度越来越高，中国的高端设计或独立设计师未来是有更多的发展空间的。

我们也希望优秀的设计师在适当的时机加入我们，利用我们的供应链及 IT 系统等资源，实现更大的发展。

如何看待年轻消费者，如何对年轻人营销

葛景栋（新浪副总裁）：请教汇美怎么看待年轻一代消费者，如何围绕他们展开营销？

陈煜：现在青少年到年轻消费者的消费力非常强，喜欢分享是他们的统一特征。年轻一代的消费者与目前的主流消费群体的行为有明显区别。

以汇美目前最年轻的潮牌 Pass 为例，主流消费者群体年龄在 18 岁～25 岁。针对他们，我们更加注重与之互动和视觉效果。在营销手段上，我们更加注重贴近他们的心理。视觉上，比较夸张鲜艳；营销上，用词比较非主流一点儿。

　　另外就是社群营销的重要性。以汇美另一个瑜伽服品牌为例，因为其强社群或群体的特征，所以，初始品牌的拓展是从线下的瑜伽馆、瑜伽教练、瑜伽学员的关系圈去做第一步的品牌推广。我们发现消费者最终会回到线上平台来搜索此品牌。Sayama 品牌 2014 年开始运营，2015 年销售额已经近亿元。

　　乔晓蕊：针对年轻人的营销，社群营销、圈层营销至关重要。新品牌 2014 年运营，一年销售额近亿元！应该也有汇美母品牌的光晕作用吧？

　　陈煜：在品牌打造初期，汇美其他品牌的流量和用户群对新品牌有支持。但消费群体没有完全重合，所以最终是靠品牌定位、产品素质及强烈的社群营销手段达到发展目标。

　　乔晓蕊：感谢今天陈总带给我们一场非常全面的分享，干货颇多，受益匪浅，莓果们慢慢消化，特别是女莓果们今晚都好踊跃。感谢陈总带给我们一个美好的夜晚！

群访嘉宾： 杨廷皓，蜻蜓 FM 联合创始人兼 CEO。

主持人： 王曦梁（原名王梁），中央电视台主持人。央视跨界女主播，被外媒评为"中国第一足球女主播"。

王曦梁： 请问杨总为什么选择和声音有关的事业？为什么取名叫蜻蜓 FM？

杨廷皓： 2011 年年底我离开了 HULU，加入创业家计划准备创业。这时我发现了蜻蜓 FM，通过介绍，认识了蜻蜓的另外两位联合创始人张强和赵捷忻，然后我就加入蜻蜓团队，直到现在。

25 年前，在互联网的浪潮下，我被微软挖掘去做开发工程师，7 年后我离开了微软，加入专业做正版电视剧视频的网站——HULU。

在这期间，有两个方面深深影响了我，一是我当时负责 HULU 中国，这是一个视频和互联网结合的产品，这让我对传统媒体和新媒体的结合比较熟悉；另一方面，我看到了中国视频网站的过度竞争，这让我反而更看好声音这个领域。声音是个被严重低估的市场，上世纪八九十年代收音机拥有广泛受众和多样的节目。但在互联网时代，电脑不是为音频而设计的，导致随着电脑的普及，越来越少人收听音频。但在移动互联网时代，为声音而设计的智能手机出现了，这让我看好音频产品。

蜻蜓 FM 主要取它的谐音"倾听"。而且做移动互联网，一定要取个方便用户识别的名字，所以就选了蜻蜓 FM 这个名字。

王曦梁： 请跟我们聊聊蜻蜓 FM 的演化历史和产品轨迹吧。

杨廷皓： 蜻蜓算是最早的移动互联网音频产品，2011 年 9 月上线苹果，2012 年 4 月上线安卓。最早蜻蜓 FM 是一个电台聚合的工具，我们当然认同音频产品，更认同音频产品可以在移动互联网快速发展。但是要找个合适的切入点，必须考虑各种各样的问题。当时也考虑过做 UGC（用户产生内容）的平台，像优酷土豆的视频网站，最早从 UGC 带来非常多的流量，但我们认为任何媒体平台最关键的问题都是优质的内容。

在整个音频的产业链中，依然还是传统的广播电台有能力去做大量优质内容，并有好的变现模式和大量的用户群体。虽然很多人认为传统广播电台不适于在移动互联网或者互联网传播，但在内容方面，我们还是比较认可的。

对于创业团队来说，在内容资源稀缺的情况下，肯定要找个好的切入点，通过与电台内容合作，达到事半功倍的效果。所以我们就决定做电台聚合的产品。在对这个产品没有认识的情况下，用户选择的标准就是直观理解，所以初期发展起来的都是工具型APP。所以我们做了电台聚合后，下一年开始在内容方面做更多的积累，推出了点播的内容。

相对于直播来说，点播更受认可，因为点播的选择权在用户。以视频网站为例，基本上除了体育与新闻，很少人会收看直播，音频也一样。

音频还有伴随性，即在伴随场景上面，用户更愿意去收听点播的内容。

郝政源（渠道帮创始人＆CEO）：蜻蜓FM的定位是什么？

杨廷皓：蜻蜓FM的定位，是做个大而全的音频聚合平台，提供各种满足用户需求的高质量内容。

王涛（《今日头条》佛山区总监）：现在蜻蜓FM有多少下载量？

杨廷皓：根据中国第三方应用平台的监测，蜻蜓FM下载量超两亿。

姚为微（蓝莓会社群运营经理）：在创业初期，你们的音频资源库是如何建立的？如何解决版权问题？

杨廷皓：我们开始是做电台聚合平台，也有从商业上和版权上面做过考量。版权本身就是利用法律来规范，并去获取更好的商业利益，广告是电台主要的收入载体，去年的收入约是两百亿元人民币。

从广告主的投资角度考虑，他们着眼于车主；蜻蜓FM的受众定位是通过APP收听音频的群体，和车主的重复很低，因此蜻蜓FM和电台基本不存在竞争关系。这促成了我们和电台合作，用低成本获得了电台的授权，解决了声音版权问题。

ashan（深圳格特信息创始人）：蜻蜓FM和喜马拉雅最大的区别在哪？如何将喜马拉雅的用户转到蜻蜓FM？

杨廷皓：蜻蜓 FM 主要是做 PGC(专业生产内容) 平台，而荔枝及早期的喜马拉雅是从 UGC 切入。UGC 平台解决了用户表达传播的想法和需求，但并没有解决用户吸取内容的需求。

马莎（汇美集团品牌项目负责人）：与竞品相比，蜻蜓 FM 的突破口在哪里？

杨廷皓：蜻蜓 FM 早期的突破点在借整个传统电台广播的优质内容和用户群体发力。并且借助先发优势，获取了一批高质量的用户和合作电台。高质量内容定位，让用户十分信任蜻蜓 FM。

当众竞品向 PGC 转型时，蜻蜓 FM 开始从内容聚合平台转型向 PUGC（专业用户生产）的平台，为此蜻蜓签约了一万多位专业主播及网络当红明星，独家为蜻蜓 FM 生产高质量的声音内容，做专业声音自媒体平台。

姚为微（蓝莓会）：用户通常在什么情况下使用蜻蜓 FM？

杨廷皓：有两个主要收听场景，一是早上的 7 点到 8 点，有部分用户把蜻蜓 FM 当成闹钟，在起床之后不需动手就可收听新闻。

二是在晚上 9 点到凌晨 1 点，用户在睡前放松地获取娱乐类的内容，比如相声、有声小说或音乐等。

除了这两个场景外，就是午休和上下班时间。用户会在地铁公交上用流量来收听蜻蜓 FM，这类用户发展速度相当快。

王凡（北汽新能源数字营销经理）：还有一种使用场景：我每天启动汽车的时候手机会自动连接车载多媒体设备，并播放音乐。也就是有些人会一边开车一边听手机里的音频，而且随着车联网的发展，相信这种用户数量会更多。蜻蜓 FM 有没有在这方面做什么准备？

杨廷皓：中国广播广告市场的两百亿元份额，大部分是为了在汽车移动收听场景所做的广告投放。因此我们一直对汽车移动收听场景高度重视。但遇到一些困难：第一，在移动收听需要消耗流量的情况下，蜻蜓 FM 很难让用户信任且放心地收听，故之前汽车用户使用蜻蜓 FM 收听的比例一直不高；第二，现在大部分汽车并不能方便自如地与智能手机相连接；第三，除了传统广播电台内容之外，适合在汽车里面收听的内容或定制内容不多。

从这三个问题出发，我们跟汽车厂商进行深度合作，由汽车厂商在车载系统内预装蜻蜓 FM。2016 年年底，预估大约有五百万辆车会预装蜻蜓 FM 产品，像沃尔沃、福特、奥迪和宝马等，蜻蜓会成为全车系的预装 APP。商业模式主要是着眼于广告模式，那么对汽车的覆盖率就是制胜的关键。因此需要一些更具创新的商业模式才能在整个车载领域有所突破。

李伟斌（讯支传媒 CEO）： 蜻蜓 FM 受众的显著特征，与哪些品牌广告主匹配？可否分享一些蜻蜓 FM 成功的营销案例？

杨廷皓： 蜻蜓 FM 的用户主要是一二线城市的白领，男性比女性稍多，年龄大多在 20 岁 ~ 29 岁，用户的收入水平较高，因此可轻易地与品牌广告合作。比如我们与薇姿合作推出的以专业主持人主持情感节目的宝石电台，具有很高的收听量，算是蜻蜓较典型的广告营销案例。

李燕（万达快钱高级公关经理）： 请教杨总，现在声音营销有哪些好玩的方式？

杨廷皓： 现在的变现模式主要有两个，一是用户付费订阅：运营商推荐用户订阅有声读物，订阅费与蜻蜓 FM 分成；二是广告盈利：作为流量用户平台，蜻蜓 FM 的广告主要分为传统型、展示型、声音型及合作型，即与其他品牌通过广告合作做品牌电台，如薇姿和欧莱雅的品牌电台。

王曦梁： 据说您并非特别重视品牌宣传，那么在蜻蜓 FM 面对受众的初期，你们是怎样树立品牌、扩大知名度的呢？

杨廷皓： 早期我们主要希望做好产品，让产品为自己代言。"以口碑传播为主"，这个策略在初期相当成功。

郝政源（渠道帮创始人 & CEO）： 蜻蜓 FM 有没有想过推出自己的明星电台主持人？

杨廷皓： 蜻蜓 FM 的定位是平台、是生态，而自制内容与做平台的战略是违背的，这会导致与内容合作伙伴之间的矛盾。但我们会积极帮助主播发展他们的内容。像主打情感类节目的张明、《夜访高跟鞋》的王坤都是我们包装出来的明星主播，在蜻蜓 FM 上都有四五十万人次的收听规模。

姚为微（蓝莓会）： 蜻蜓 FM 已完成 ABC 轮融资，据说都是千万美元级的，但十分低调，请问杨总接下来的产品布局是怎么样的？

杨廷皓： 中国移动互联网严重缺乏对数据和融资信息的规范，虚假信息大量充斥。因此，蜻蜓 FM 一直保持不公布融资细节的策略。

我们未来的产品布局主要是重视整个音频生态领域的发展，精力和资源都会主要集中在 PUGC 平台上。

窝趣轻社区模式，长租也能逆袭？

群访嘉宾：刘辉，窝趣轻社区创始人、CEO，铂涛集团高管，企业经营管理、连锁运营管理和投资发展领域专家，开创集极致舒适居住、轻松社交功能于一体的轻社区。

主持人：廖军连，蓝莓会副秘书长。

📘 不仅有好公寓，还有好朋友

廖军连："窝趣"这个品牌朗朗上口，说说你创办这个品牌的故事吧？

刘辉：我 2014 年来到广州工作，在租房的整个过程中发现很多痛点。充斥网络的房源都是中介放出来的，信息很多都是虚假的，看房和租房很麻烦且竞争激烈。

后来我租到房了，发现跟大学毕业时的租房条件相比没有什么变化，仍然是白墙，还是很普通的地面，很普通的家具，以及二手的床垫。

当消费升级的今天，我们要的不是这样的硬件环境。即便硬件条件达到了，但遇到不投机的租客住在一起，会让人很孤独，没有相互了解，不相往来，一般的公寓没有洞察到"泛 90 后"对于社交的需求，因此也没有搭建类似的社交平台。

也就是说，目前在市场上有一部分这样的业主，他们懂得提供给消费者更好的产品，能够卖到更好的价格，但是他们还不知道怎样满足消费者在情感上的需求。所以，我就想能不能创造一个产品，既有舒适的环境，又有个性化的设计，同时，还能有社交圈和互动。

基于这种想法，现在的"窝趣"就应运而生了。

廖军连：长租公寓应该是住宿业发展起来后的一个新兴市场，目前的市场竞争或者合作的格局可以给我们介绍一下吗？

刘辉：公寓行业目前分成集中式公寓和分布式公寓两种。有一整栋楼，集中进行管理，这种业态形式就叫集中式公寓，目前包括魔方、you+、自如寓、窝趣和未来域这几家，都是整个行业的典型代表。

另外一类叫分布式，它们主要是以民宅为基础，进行一些改造后对外出租。目前做得比较好的品牌包括成都的优客逸家、上海的青客等等，它们是代表品牌。

从市场容量来看，2013 年全国有 2.5 万亿租房市场的需求。根据国家统计的数据，全国大概有 2.3 亿流动人口，其中有 1.7 亿多人需要租房。

租房的价格也是每年都在增长。我们做了一个统计，大概北上广深每月能够支付房租 2000 元 ~ 4000 元的人群比例，每个城市都超过 100 万。

今天长租公寓市场仍处于初期阶段，所以各个品牌之间的差距还不是特别大。未来几年是大家各自拼实力，各自快速发展的时期，最终能够满足消费者需求，抓住消费者痛点的品牌，才能够赢得最后的胜利。

我们对待同行，抱着非常开放的态度，希望跟其他品牌有更多的合作，共同把这个市场做大。

租房生活另一面：新享乐的轻社区

杨蓉（极米联合创始人 & CMO、蓝莓会华西秘书长）： 刘辉总您好，请问一下：铂涛集团做酒店非常成功，现在关注长租青年公寓领域，和长租领域的同行相比有何优势？

刘辉： 窝趣做青年公寓，在这一领域跟同行相比，优势还是非常明显的。

第一，我们做了大量的研究，在产品上做了很多的升级和优化。做酒店的人其实非常关注消费者对居住环境的感受，我们抓到这样一些痛点。为此，我们在公寓居住环境上做了很多极致的研究和改造，比如我们洞察到消费者在公寓产品空间中主要的状态是睡和坐，因此我们花了大半年的时间在床垫和沙发产品的打造上，让每个细节都尽量符合长租消费者的需求。

第二，依靠铂涛目前的很多资源，我们在会员、供应链、品牌方面也做了很多创新。比如在窝趣打造的"趣味创造家"系列活动，希望通过品牌引导，吸引与我们理念相同的年轻消费者，由此聚集的用户更容易成为我们的忠实消费者。

第三，源自于窝趣创新的一种新模式——"加盟模式"，窝趣内部叫作"管理直营"，就是我们用更加轻资产的方式帮助加盟商发展连锁业务。窝趣是第一个在公寓行业提出要做加盟模式的公司，而且目前发展势头很不错，一年内就签约了 30 多个项目。

从窝趣诞生的第一天开始，我们给自己设立了一些非常远大的目标——打造中国最大、最具乐趣的青年长租式轻社区。我们希望能够给年轻人带来更多的、全新的生活方式，而不仅仅是两点一线的生活。我们把自己的使命定义为持续改善中国年轻人的租房生活体验。这就是窝趣的愿景。我们要把从租房前到居住中，甚至当他搬离了我们的公寓以后的整个体验过程，打造得更加有趣、更加有意思、更加值得怀念和回忆。

闫跃龙（京东消费品事业部营销部总经理）： 现在都在说互联网思维，互联网＋的概念，你们的公寓哪些部分是互联网的思维方式？

刘辉： 首先，消费者从了解窝趣到入住窝趣，整个体验过程非常互联网化的。从了解窝趣，到他进公寓签合同、付款，基本上都是无纸化的。

公寓中的便利店、酒水吧，以及所有消费的支付全部都是通过互联网的方式实现的。另外，还能通过互联网开门。我们对通过这种熟人社交所营造的环境，有很好的管理，有很好的消费者体验，非常有信心。我们希望线上和线下的社交并重。

杨蓉： "轻"主要体现在哪些方面？是你们本身还是用户的体验？

刘辉： "轻"主要包括两个方面：

首先，我们更加"轻资产"。窝趣两种管理模式同时进行，一种模式是我们投一些直营店，另一种模式是我们帮助那些想进入公寓行业的加盟商实现目标。

第二种"轻"就是品牌倡导的轻松社交。传统社交可能要做很多线下活动，打造线下的交流环境，而我们把一部分社交搬到互联网上，让一些沟通和话题都在线上进行，线下围绕社区品牌传播的主轴进行文化宣导。

另外，我们做了很多工具来衡量消费者在公寓住宿期间的体验，并将其变成量化的数据，在其他公寓进行复制，最终实现所有的消费者在公寓的体验，都是舒适的、轻松的、愉悦的。

在产品方面的打造，我们改变了过去出租房简陋或者二手床垫、沙发的状况，与知名的床垫和沙发品牌商合作进行群体定制。我们还洞察到一点，消费者都喜欢大窗，所以我们尽量把窗户做得足够大，让他们能够在房间内感觉到阳光洒进来的感觉。

李亦菲（观澜湖集团文创事业部总监）：窝趣会不会与 you+ 公寓比较雷同？最大的区别在哪儿？

刘辉：从整个行业来看，我们与 you+ 是在一个行业内的好伙伴，大家一起推动整个公寓行业的发展。

一定要比较的话，两者面对的人群和方向是不同的。you+ 是创业社区，以孵化项目为主；窝趣是以能够提供给消费者更加舒适的住宿产品和丰富有趣的社交活动、社交文化为方向。

公寓也能加盟？窝趣敢尝"先"！

李亦菲：全国有多少直营店和加盟店？

刘辉：我们正式开始对外签约大概从 2015 年 5 月份开始，3 个月的时间，大概有 30 个项目。其中有 20 多个项目是加盟项目，有 2 个项目是直营项目。

廖军连：窝趣第一个提出"长租公寓"加盟的方式，也有人质疑过可行性，他们质疑的依据是什么？

刘辉：首先，第一个吃螃蟹的人永远会被别人质疑。我们大概在 2015 年 2 月的时候对外宣布要做加盟模式，那时候没有一个品牌做加盟，很多人质疑窝趣的现有资源对做加盟到底有哪些帮助。

但是不久，在这个行业中，有一些品牌也宣布开始采取加盟模式了。窝趣的加盟模式被大家认可，是因为这种模式基本上成为其他品牌学习的样板，他们也做了一些加盟店，这是一个非常好的发展势头。

廖军连：窝趣对合作商的加盟条件主要有哪些？

刘辉：我们对发展加盟商还是有一些要求的。第一，要挑选很多优秀的加盟商跟我们合作，不仅仅是有钱，最重要的是对公寓行业要看好，能认同窝趣轻社区的模式。

第二，加盟商在当地要有一定的资源，能够通过各种社会关系，获得价格比较有优势的物业，对这些物业的展示性和整体硬件条件也有一定的要求，比如没暗房、安静、户外展示性比较好等。当然，对一些理念比较好的加盟商，也可以把我们的一些物业资源介绍给他们。

第三，加盟商应该还有一定的实力，能够把店开起来。一家店的投资大概也需要几百万元，如果房间大一点可能要上千万元。窝趣也可以为加盟商提供众筹、贷款等各种支持。

杨蓉： 窝趣对于加盟商的管理如何标准化？在直营模式还没有全面铺开，又推行加盟模式，两种模式同时进行，会不会难度更大？你们是如何回应质疑的？

刘辉： 首先不是所有的公寓品牌想做加盟模式就可以做，因为加盟模式确实需要强大的运营体系和品牌拉力进行支持，这是非常有技术难度的。

窝趣有相当一部分员工有 7 天和铂涛等其他品牌的工作经历，在部署加盟模式方面有深刻的体验和丰富经验，比如说我们对加盟商的管理叫作"直营管理"，没有"亲生儿子"和"后妈养的"这样的说法。

我们从客源的销售系统到供应链系统，再到财务系统，全面建立一些管理规范，通过这些系统让我们的各个模块单元变得更加标准化。

窝趣进入公寓行业的时候，选择的是用集中式公寓切入这个市场，没有选择分布式公寓，主要还是因为我们之前拥有的经验，能够足够帮助自己在集中式公寓方面快速发展。

📱 与都市新享乐青年的不期而遇

廖军连： 你对窝趣的消费人群个性脸谱是怎么描绘的？

刘辉： 我们定位的消费者是 20 岁～ 35 岁的都市青年，他们追求不将就的生活品质，渴望生活乐趣，注重生活体验，无论工作还是生活，都有追求目标，是人群中较为活跃、幽默的佼佼者。

另外，有一部分是在家创业的 SOHO 一族，甚至是自己办公司的个体老板。还有一些是非常喜欢交朋友的，宁愿住得远一点，也愿意住在这里的年轻人。

一般情况下，我们对住进来的人要进行筛选。我们设计了一张非常有意思的问卷，所有的人来预约我们的房间，必须做这个问卷，通过了以后才能够预约。

通过这样一些筛选机制，可以保证住在窝趣里的人群，都是我们想要的，从特征上来讲，他们很幽默，喜欢社交，有支付能力，对品质的追求都比较高。

消费者在一起能够交朋友，能够嗨起来，希望窝趣品牌能够与他们成为知己、成为伙伴，甚至能成为相互学习的对象。我们把消费者叫作"日友"，希望日友通过线上的"勾搭"和互动，然后通过线下的社交活动成为朋友，让这些关系更加深入化。

廖军连： 舒适、个性、社交等特征和条件都需要付出很多的设计和成本支撑，窝趣是怎么平衡二者关系的？

刘辉： 舒适、个性和社交确实是非常烧钱的，我们前期在这方面的投入，到今天为止，已是一笔非常大的数字。不过，我们会有一个规模效应的平衡点，当我们做到足够多的项目，开到足够多店的时候，整个窝趣的财务状况是不断向好的。

在前期店数比较少的时候，我们所收取的费用与成本很难达到平衡。不过，对于这一点，整个窝趣团队和铂涛集团对公寓行业有非常大的信心，我们的愿景是希望能够做中国最大、最具乐趣的长租社区，这样在资本市场就会有更好的表现。

廖军连： 长租公寓和一般的度假公寓在消费者和消费场景上有很大的不同，那么窝趣打算怎么拓展自己的获客渠道，怎么发挥铂涛的集团优势？

刘辉： 我们集团的很多优势可以在这些方面体现：

第一，今天的长租市场非常热。从我来广州的租房体验，已经完全感受到，一套房有很多人去看，刚性的需求导致我们的房间基本上都能够有很好的销售。

第二，我们借助铂涛的 APP 和官网系统，能够获得很大的曝光量。铂涛的官网每天大概是 160 万的 PV（页面浏览量），访问量非常高。铂涛 APP 的下载量大概是 1300 万次，这些都为我们提供了很好的支持。

第三，通过我们目前的自媒体创造了很多话题，并且跟很多社团进行合作，取得了不错的营销效果。比如"窝趣队长带你去看房""趣味创造家"等主题推广活动，因为主题形式较为契合品牌的目标消费者需求，而且借助铂涛强曝光的传播，我们在目标城市都建立了一系列的潜在消费者群组，并持续推送给他们关于窝趣品牌理念的内容。

这些优势给了我们更坚实的发展基础，让窝趣不只是一所公寓，更是一种新享乐生活方式。